AF330992

DROIT ROMAIN

DE

L'HYPOTHÈQUE LÉGALE DE LA FEMME

DROIT FRANÇAIS

DE

L'HYPOTHÈQUE LÉGALE DE LA FEMME

ENVISAGÉE DANS SES EFFETS

CONTRE LES TIERS ACQUÉREURS

PAR

Joseph-Marie VIGNANCOUR

Avocat à la Cour d'Appel

DOCTEUR EN DROIT

PARIS

ALPHONSE DERENNE

52, Boulevard Saint-Michel, 52

1880

DROIT ROMAIN

DE L'HYPOTHÈQUE LÉGALE DE LA FEMME

DROIT FRANÇAIS

DE

L'HYPOTHÈQUE LÉGALE DE LA FEMME

ENVISAGÉE DANS SES EFFETS

CONTRE LES TIERS ACQUÉREURS

THÈSE POUR LE DOCTORAT

PRÉSENTÉE ET SOUTENUE

Le mercredi 22 décembre 1880, à 1 heure 1/2

PAR

Joseph-Marie VIGNANCOUR

Avocat à la Cour d'Appel

Président : M. BUFNOIR, *professeur.*

Suffragants :
- MM. GÉRARDIN,
- GLASSON, *professeurs.*
- LAINÉ,
- RIPERT, *agrégés.*

Le Candidat répondra, en outre, aux questions qui lui seront faites
sur les autres matières de l'enseignement.

PARIS

ALPHONSE DERENNE

52, boulevard Saint-Michel, 52

1880

A MA GRAND-MÈRE

A MON PÈRE

A MA MÈRE

DROIT ROMAIN

DE

L'HYPOTHÈQUE LÉGALE DE LA FEMME

DROIT FRANÇAIS

DE

L'HYPOTHÈQUE LÉGALE DE LA FEMME

ENVISAGÉE DANS SES EFFETS

CONTRE LES TIERS ACQUÉREURS

PAR

Joseph-Marie VIGNANCOUR

Avocat à la Cour d'Appel

DOCTEUR EN DROIT

PARIS

ALPHONSE DERENNE

52, Boulevard Saint-Michel, 52

1880

A MA GRAND-MÈRE

A MON PÈRE

A MA MÈRE

DROIT ROMAIN

—

PRÉLIMINAIRES

Avant d'aborder l'étude des garanties hypothécaires que le droit romain accorda à la femme pour assurer la restitution de sa dot, il nous a paru utile de dire quelques mots de la dot elle-même. C'est ce que nous allons faire, brièvement d'ailleurs, mais en nous efforçant de n'omettre aucun des principes qui régissent cette matière.

« On entend par dot ce que la femme, ou quelque autre personne pour elle, donne ou promet au mari, afin de l'aider à soutenir les charges du mariage (1). » Quand la femme passait sous cette puissance maritale que l'on désigne sous le nom de *manus*, tous ses biens tombaient dans le patrimoine du mari. La femme *in manu* ne pouvait en effet avoir de paraphernaux, puisqu'à l'instar d'un fils de famille, elle ne pouvait être propriétaire. Mais, à mesure que le divorce pénétra dans les mœurs romaines, la *manus*

—

1. Pellat. Textes sur la dot. § 1.

en sortit, et, dès la fin de la République, elle avait cessé d'être le fait ordinaire. Aussi toutes les explications que nous allons donner sont-elles relatives au cas où la femme était *sui juris* ou soumise à la puissance paternelle.

La dot peut être constituée, soit avant, soit après le mariage ; et Ulpien (VI, § 1) nous apprend que, pour arriver à cette constitution, trois procédés peuvent être mis en œuvre : la dation, la diction, la promesse. Par le premier, le mari devient propriétaire des choses constituées en dot ; par les deux autres il en devient créancier.

La dation s'opère par les modes habituels de translation de la propriété. S'agit-il d'une chose *mancipi*, on emploiera la mancipation. S'agit-il d'une chose *nec mancipi*, on aura recours à la tradition. Enfin, dans l'une et l'autre hypothèse, on pourra user de la *cessio in jure*, à moins qu'il ne s'agisse d'un fonds provincial. On n'aurait alors que la ressource de la tradition.

La *dictio dotis* est une forme ancienne et toute spéciale du contrat *verbis*. La personne qui constitue la dot prononce des paroles solennelles dont la formule nous a été conservée par de nombreux textes : « *Fundus ille tibi doti erit — Centum tibi doti erunt.* » Ces paroles devaient-elles être suivies d'une acceptation expresse du mari ? Peut-être pourrait-on induire l'affirmative d'un texte de Térence (1) ?

---

1. Andria, V, 4. — Dos, Pamphile, est
        Decem talenta.
                Accipio.

La promesse n'est qu'une des innombrables applications du contrat de stipulation. Le mari demandait à la personne qui voulait constituer la dot : *Fundum Cornelianum doti mihi dari promittis*? et le constituant répondait: *Promitto*.

Ces deux dernières formes, toutes deux également solennelles, toutes deux appartenant à la classe des contrats *verbis*, différaient cependant : dans la *promissio*, la déclaration de la personne qui s'obligeait était précédée d'une interrogation à laquelle elle servait de réponse. Dans la *dictio*, au contraire, la déclaration n'était provoquée par aucune interrogation.

La constitution d'une dot par *dictio* n'était pas accessible à tous. Trois classes de personnes seulement pouvaient user de ce procédé : 1° la femme qui allait se marier ; 2° le débiteur de cette femme agissant sur son ordre ; 3° un ascendant *per virilem sexum cognatione junctus*.

La constitution de dot implique toujours ou capacité d'aliéner ou capacité de s'obliger. Si donc la femme était *sui juris*, elle ne pouvait se doter qu'avec l'*auctoritas* de son tuteur. Plus tard, quand la tutelle des femmes pubères eut disparu, le consentement du curateur était nécessaire jusqu'à l'âge de vingt-cinq ans. Si la femme était *alieni juris*, elle ne pouvait user ni de la dation, puisqu'elle n'avait pas de patrimoine, ni de la *dotis dictio*; car cette forme lui était interdite, comme nous l'apprennent les *Vaticana fragmenta*, § 99 : « *Paulus, respondit filiamfamilias ex dotis dictione obligari non potuisse.* » Pourrait-elle s'obliger par voie de promesse? Cette question se rattache à une autre plus générale, à celle de savoir si à toute époque les filles de famille purent s'obliger, même par les procédés de droit commun.

Le constituant est-il tenu de la garantie envers le mari? S'il s'agit de la garantie des défauts, nous ne le pensons pas. Une semblable extension de l'édit des édiles nous paraît tout à fait inadmissible. D'ailleurs, un texte, la loi 63, D. XV, I, semble proscrire formellement toute idée de garantie en cette hypothèse : il n'y a d'exception que pour le contrat d'échange (l. 2 D. *de rer. permut.*).

Mais que décider si, à la suite d'une éviction, garantie est demandée par le mari ? La question ne laisse pas que de présenter des difficultés. Car la distinction habituelle en actes à titre gratuit et actes à titre onéreux ne peut être invoquée en notre matière. D'une part, en effet, la constitution de dot n'est pas une libéralité envers le mari ; d'autre part, elle ne saurait être considérée comme un acte à titre onéreux parce qu'en échange de la dot le mari ne contracte aucune obligation envers le constituant. Aussi est-il probable que dans le principe la constitution de dot n'entraînait aucune obligation de garantie en cas d'éviction. Mais, plus tard, quand on se fut habitué à considérer les charges du mariage comme un corollaire de la dot, on dut naturellement chercher à favoriser le mari. C'est en effet dans ce sens qu'une constitution de Sévère et Caracalla (l. 1, C. *de jure dot.*, V. 12), résolut la question au moyen de distinctions plus spécieuses que rationnelles et dont voici l'analyse.

Supposons d'abord que la chose a été promise au mari par *dictio* ou par *stipulatio* et lui a été ensuite donnée en exécution de cette promesse. Survient une éviction. Le mari alléguera que le constituant n'a pas exécuté son obligation. Celui-ci, en effet, avait promis de lui transférer la propriété et pourtant il ne l'a pas rendu propriétaire, puisqu'il a été évincé. Le mari pourra donc intenter la *condictio* en vertu de la *dictio* ou de la *stipulatio* qui n'est pas éteinte par ce paiement nul.

Quand la dot a été livrée, sans promesse antécédente, une distinction devient nécessaire. Il faut examiner si la dot a été donnée avec estimation ou sans estimation.

Que si, en effet, la dot a été donnée avec estimation, cette estimation vaut vente, à moins de convention contraire. Le mari évincé agira donc contre le constituant par l'action *ex empto*.

Si au contraire, la dot a été donnée sans estimation, le constituant n'est tenu à aucune indemnité envers le mari évincé. Il n'a, en effet, contracté aucune obligation, ni par *dictio*, ni par stipulation, ni par vente. Le mari n'aurait donc aucun recours. Il faut cependant faire exception pour l'hypothèse où le constituant aura agi de mauvaise foi. Il serait alors soumis à l'action *de dolo* ou à une action *in factum*.

Justinien alla plus loin encore et dans une constitution de **530**, à l'étude de laquelle nous consacrerons un chapitre spécial, il donna au mari pour sûreté de sa créance une hypothèque tacite sur tous les biens du constituant (L. 1, § 1. C. V, 13).

Tout ce qui est donné en dot est acquis au mari. Celui-ci est véritablement propriétaire des choses dotales. Il en a le *dominium ex jure quiritium*, il les a *in bonis* ; il peut, si celui de qui il les a reçues n'était pas propriétaire, les usucaper *pro dote*. Il les revendique, même contre la femme, si elle en a la possession, il peut en transférer la propriété soit à un tiers, soit même à la femme.

Et cependant, on dit aussi que la dot appartient à la femme ; qu'elle est son patrimoine. Cette contradiction n'est qu'apparente et pour l'expliquer, il suffit de reconnaître la nature anormale de cette institution. Oui, le mari est propriétaire de la dot ; mais par là même qu'il acquiert cette propriété, il doit supporter les charges du mariage. Or la première, la plus importante de ces charges, c'est l'entretien de la femme. Celle-ci retire donc un profit de la dot. Elle en a la jouissance, non pas, il est vrai, comme un droit positif, dont elle puisse actuellement faire reconnaître l'existence, mais comme un avantage que lui garantit sa position de femme mariée. Cette jouissance est donc plutôt de fait que de droit et, tout naturellement, il faut en conclure qu'elle doit être la même, que la femme soit *sui juris* ou en puissance paternelle. Sa *capitis deminutio* ne doit même exercer à cet égard aucune influence.

Si le mari est fils de famille, la dot appartient au chef de la famille. Toutefois cette dot n'est pas traitée comme les autres biens du père ou de l'aïeul. Si en effet le fils est exhérédé, ou institué pour partie seulement, s'il est donné en adoption ou émancipé, la dot est toujours distraite du patrimoine du père et suit le fils marié, comme les charges du mariage dont elle est inséparable.

Ainsi donc le mari est propriétaire de la dot. Cette proposition ressortira avec plus d'évidence de l'application que nous allons en faire aux diverses espèces de droit.

Supposons d'abord qu'à titre de dot, le constituant ait fait remise d'une dette. Le mari est libéré, et, durant le mariage, il n'est tenu ni du capital, ni des intérêts.

Si la dot a été constituée *promittendo*, le mari peut en demander le paiement : il deviendra propriétaire des choses qui lui seront payées et en disposera à son gré. Si des créances lui ont été cédées ou déléguées, il en poursuivra le paiement contre le débiteur. De même il acquiert les *jura in re* qui lui sont concédés à titre de dot, ce qui peut amener une confusion ou consolidation, si ces droits grevaient une chose dont il était propriétaire.

Si la dot se composait de choses corporelles, le mari en devient propriétaire, si le constituant en avait lui-même la propriété ; dans le cas contraire, il en devient simplement possesseur, mais il peut les usucaper *pro dote*, pourvu d'ailleurs qu'il soit de bonne foi.

En sa qualité de propriétaire, le mari acquiert les accessions et spécialement les fruits des biens dotaux. Il dispose valablement de la dot soit entre-vifs, soit à cause de mort, et il en transmet la propriété à ses héritiers. Il peut aliéner les biens dotaux, de quelque manière que ce soit, et même à titre gratuit.

Tel est du moins le droit primitif. Car la faculté de disposer des biens dotaux fut restreinte par une loi *Julia* (*de adulteriis*) rendue sous le règne d'Auguste. D'après les Institutes et le Code (l. uniq. § 15, v. 13), la loi Julia aurait contenu trois dispositions relatives au fonds dotal : 1° défense au mari d'aliéner sans le consentement de la femme ; 2° défense d'hypothéquer, même avec ce consentement ; 3° inapplicabilité de ces deux dispositions dans les provinces. — Sont-ce bien là les dispositions de la loi Julia ? Peut-être est-il permis d'en douter. Gaïus nous apprend en effet que de son temps l'on discutait sur le point de savoir si cette loi était applicable aux provinces, preuve certaine qu'elle ne contenait aucune disposition à cet égard. La jurisprudence trancha définitivement la question dans un sens négatif. Justinien considéra cette décision comme venant de la loi elle-même. Or, s'il s'est trompé sur ce premier point, il a pu également errer sur un autre, et je suis fort disposé à croire que la loi Julia était également muette sur la défense d'hypothéquer. Sous Auguste, en effet, l'hypothèque n'était pas encore connue en Italie, et d'autre part, les textes classiques qui relatent la loi Julia (Gaïus, II, § 63. — Paul, II, 21 bis, § 2) ne disent rien d'une pareille distinction. Toutefois il est certain que, dès l'époque classique, le consentement de la femme ne suffisait pas pour valider la constitution d'hypothèque sur les biens dotaux, et l'on doit sans doute rattacher cette incapacité aux édits par lesquels Auguste et Claude prohibèrent toute obligation des femmes pour leurs maris ou au S.-C. Velléien qui leur défendit d'intercéder pour autrui.

La défense d'aliéner édictée par la loi Julia doit s'entendre d'une façon plutôt extensive que restrictive. Elle doit protéger pleinement tous les intérêts de la femme. Elle ne cesserait donc pas avec le mariage et doit s'étendre jusqu'au jour de la restitution de la dot. Bien plus, comme le mari pour éluder la loi, aurait pu livrer le fonds sans observer les formalités de la *mancipatio* ou de l'*in jure cessio*, l'usucapion de ces immeubles fut également prohibée.

Par exception, la loi Julia ne s'applique pas aux aliénations *per universitatem*. Le mari, par exemple, s'est donné en adrogation. L'immeuble dotal passe à l'adrogeant, mais sans cesser d'être inaliénable. Elle ne s'applique pas non plus aux aliénations qui ont une cause nécessaire. Si donc le mari refusait de donner la *cautio damni infecti*, le voisin devenu par décret du magistrat, possesseur de l'immeuble qui menace ruine, pourra sans difficulté usucaper.

Si, malgré la prohibition, le mari a aliéné, le sort de l'aliénation demeure en suspens, tant que dure le mariage. Car, ainsi que nous le verrons plus loin, le droit de la femme ne devient certain que par le prédécès du mari ou par le divorce, mais le mari peut-il, avant la dissolution du mariage, revendiquer l'immeuble ? Les textes sont muets et les interprètes résolvent diversement la question.

Justinien étendit les dispositions de la loi Julia sous deux rapports : d'abord il les appliqua à tous les immeubles, qu'ils fussent situés en Italie ou dans les provinces. En second lieu, il décida que l'aliénation, tout aussi bien que l'hypothèque, serait nulle malgré le consentement de la femme. Comme le fait si judicieusement remarquer M. Accarias (Précis de dr. rom. II, p. 743), le régime dotal changea complètement de caractère ; jusque-là c'était le mari qui était incapable d'aliéner, désormais c'est le fonds dotal qui devenait vraiment inaliénable.

On peut se demander si Justinien n'alla pas plus loin encore. Il décida, en effet, que la femme pourrait toujours, à la dissolution du mariage, revendiquer les objets apportés en dot (l. 30, C. V. 12). Il n'y avait même pas à distinguer entre les meubles et les immeubles, entre les biens estimés et ceux qui ne l'étaient pas. Or n'était-ce pas déclarer que tous les biens dotaux seraient inaliénables ? C'est une question que nous retrouverons en étudiant la constitution de 529.

Après avoir vu comment la dot se constituait, et quels étaient les pouvoirs du mari, nous sommes naturellement amenés à étudier comment la dot devait être restituée à la dissolution du mariage et quelles garanties étaient destinées à assurer ce recouvrement.

Pour savoir comment la dot doit être restituée, il faut examiner si elle est profectice ou adventice. « Une dot est appelée *profectitia* ou *adventitia*, suivant qu'il y a ou non intérêt à considérer le point de départ. On la nomme *profectitia*, quand il importe de savoir d'où elle est partie, parce que c'est là qu'elle doit retourner dans certains cas.

On la nomme *adventitia,* quand le point de départ est indifférent, parce qu'elle ne doit jamais y retourner de droit. »

« La dot est profectice quand elle provient du père de famille, investi de la puissance sur la femme. Car ce n'est qu'à lui que la dot peut revenir de droit, par cette seule raison qu'elle provient de lui. »

« La dot constituée par toute autre personne, la femme, un ascendant maternel, un autre parent, un étranger, est toujours dite adventice. Car elle ne retourne jamais au constituant en cette seule qualité (1). »

La dot adventice est restituable quand le mariage se dissout par la mort du mari ou par le divorce. Le mari la garderait même en cas de divorce, si la femme venait à prédécéder sans l'avoir mis en demeure. La dot profectice doit être rendue, non-seulement dans les cas que nous venons d'indiquer, mais encore lorsque la femme meurt *in matrimonio,* son père vivant encore. Toutefois, dans cette dernière hypothèse, le mari a le droit de retenir autant de cinquièmes qu'il y a d'enfants, et cela *in infinitum* (Ulp. frag. t. VI, § 4). Comment faut-il entendre ces mots *in infinitum?* C'est une question fort agitée par les interprètes.

Le motif de cette distinction est assez facile à donner. Lorsque les époux divorcent, lorsque le mari prédécède, il est nécessaire que la femme recouvre sa dot. Sans cette dot, en effet, elle ne pourrait se remarier ou même faire

1. Pellat. Textes sur la dot.

face à ses propres besoins. Elle doit donc être préférée au mari et à ses héritiers. Tout autre est la situation quand le mari survit, et tout autre devait être la règle. Aussi a-t-on présumé que le constituant, de même qu'il préférait la femme au mari, a entendu préférer le mari à toute autre personne et à lui-même. Cette présomption, toutefois, ne pouvait être invoquée quand la dot avait été constituée par le père. Celui-ci n'avait fait qu'exécuter une obligation légale. Aussi ne pouvait-on lui supposer l'intention de gratifier le mari à ses dépens. Tel est le véritable motif de cette dernière disposition, et l'on ne relit point sans sourire le fragment (l. 6, *de jure dot.*) où le jurisconsulte Pomponius explique que si le père a droit à la restitution de la dot, c'est qu'il est nécessaire de le consoler de la perte de sa fille, en lui rendant son argent. Cette raison se concevrait mieux dans une comédie de Plaute ou de Térence que dans la bouche d'un jurisconsulte.

Dans tous les cas où le mari bénéficie de la dot, c'est donc seulement par application de la volonté présumée du constituant. Aussi de tout temps, celui-ci eut la faculté d'en stipuler expressément la restitution. La dot prend alors le nom de *dos receptitia*. Ce résultat s'obtient dans le dernier état du droit classique à l'aide d'un pacte adjoint à la constitution de dot. Sous Justinien, on sous-entend une stipulation de restitution au profit de la femme ou de ses héritiers. Le mari qui, auparavant, retenait souvent la dot, ne pourra désormais la garder qu'en vertu d'une stipulation expresse.

Le moment de la restitution de la dot varie selon la nature des choses dont elle se compose. Si elle a pour objet une quantité, c'est-à-dire de l'argent ou des choses qui se consomment par le premier usage, le mari, à moins de convention contraire, devra restituer pareille quantité d'objets de même nature et de même qualité et aura un délai pour opérer la restitution. On ne peut en effet supposer qu'il aura toujours gardé à sa disposition cette quantité d'argent ou de denrées pour être prêt à la restituer à l'époque fort incertaine de la dissolution du mariage. Il la restituera donc en trois ans, un tiers chaque année.

Si la dot a pour objet des corps certains, le mari doit rendre identiquement les choses mêmes qu'il a reçues et ne jouit d'aucun délai. Ou bien, en effet, il a conservé les choses mêmes qu'il a reçues et il peut les rendre de suite, ou il ne les a pas conservées, comme il l'aurait dû, et sa faute ne doit pas lui procurer un répit qu'il n'aurait pas eu d'ailleurs. S'il les a perdues par un évènement qui ne lui soit pas imputable, il est libéré de l'obligation de rendre.

Il est possible toutefois que les corps certains apportés en dot aient été soumis à une estimation. Ici on applique la formule *æstimatio facit venditionem*. Le mari est alors débiteur du prix d'estimation, c'est-à-dire d'une quantité et il jouit d'un délai pour la restitution.

Lorsque la femme, par suite du divorce ou du prédécès du mari, a droit à la restitution de sa dot, elle peut agir contre son mari par l'action *rei uxoriæ*. Si elle est *sui juris*, elle agira elle-même ; si elle est *filiafamilias*, le père exercera l'action ; toutefois, par dérogation aux principes, il ne le pourra qu'avec le concours de sa fille, *adjuncta filiæ personna*. S'il s'agit d'une dot profectice, le père qui a droit à la restitution de sa dot pourra également se la faire rendre par l'action *rei uxoriæ*.

Ainsi que nous l'avons indiqué précédemment, la femme peut avoir stipulé du mari la restitution de sa dot. Dans cette hypothèse, elle a l'action *ex stipulatu*. Cette action subsista longtemps parallèlement à l'action *rei uxoriæ*, mais elle en différait sous plusieurs rapports que je signalerai rapidement.

Ainsi : 1° l'action *rei uxoriæ* est une action de bonne foi et même plus qu'une action de bonne foi, car dans la formule on ne trouve pas seulement *ex bona fide*, mais *æquius melius*. L'action *ex stipulatu* est une action *stricti juris*.

2° L'action *rei uxoriæ* n'appartient pas aux héritiers de la femme, lorsqu'elle meurt *in matrimonio*, ou même lorsqu'elle meurt après la dissolution du mariage sans que le mari ait été mis en demeure. Dans les deux cas au contraire, les héritiers de la femme peuvent exercer l'action *ex stipulatu*.

3° Le mari, tenu de l'action *rei uxoriæ* peut faire la restitution en trois termes, quand la dot consiste en choses fongibles. Il ne jouirait d'aucun délai, s'il était poursuivi par l'action *ex stipulatu*.

4° Le mari peut invoquer le bénéfice de compétence et

exercer certaines rétentions, s'il est soumis à la première de ces actions. Ces deux facultés lui sont refusées, s'il est poursuivi en vertu de la seconde.

5° Si le mari, mourant pendant le mariage, laissait une disposition de dernière volonté, au profit de la femme, celle-ci devait opter entre l'exercice de l'action *rei uxoriæ* et le bénéfice de cette disposition dernière. Rien de semblable lorsque la femme avait l'action *ex stipulatu*.

Justinien fondit ensemble les deux actions. C'était une conséquence de la présomption qu'il avait introduite et par laquelle la femme était toujours censée stipuler la restitution de sa dot. La nouvelle action prit le nom et plusieurs des caractères de l'action *ex stipulatu*, mais elle emprunta à l'action *rei uxoriæ* son caractère de bonne foi et le bénéfice de compétence. De plus, un délai d'un an fut accordé pour la restitution des meubles ; les immeubles devaient être restitués immédiatement.

Après avoir examiné le régime matrimonial en usage à Rome, nous pouvons aborder l'étude des garanties qui furent successivement accordées à la femme. Ces garanties furent d'abord fort restreintes ; mais elles finirent par prendre des proportions plus qu'exagérées. Ainsi, à l'origine, la femme n'eut pas même une hypothèque. Elle obtint seulement de la loi un *privilegium inter personales actiones*. C'est encore la seule sûreté qui lui soit accordée à l'époque classique. Aussi, quoique ce ne soit pas encore notre sujet, nous nous proposons d'y insister assez longuement. Nous arriverons ainsi au règne de Justinien qui étendit successivement par trois constitutions célèbres les sûretés accordées à la femme. En 529, il crée une hypothèque privilégiée sur les biens dotaux ; en 530, une hypothèque tacite sur tous les biens du mari. Enfin, en 531, la loi *Assiduis* assure le recouvrement de la dot par préférence aux créanciers hypothécaires du mari, même antérieurs au mariage.

CHAPITRE I

PRIVILEGIUM DOTIS

La créance dotale de la femme n'avait été à l'origine qu'une simple créance chirographaire ; mais bientôt elle fut jugée digne de faveur, et, à ce titre, munie d'un privilège.

Quand on parle du *privilegium*, il faut se garder de penser au privilège français, à ce droit absolu de préférence, opposable même aux créanciers hypothécaires. A Rome, le privilège est un droit purement personnel, qui tient à la qualité du créancier ou à la cause de la créance et ne peut être opposé qu'aux créanciers chirographaires. Il ne comporte donc aucun droit de suite et le débiteur garde la pleine disposition de ses biens. Il ne donne pas le *jus distrahendi*, c'est-à-dire, le pouvoir de faire vendre les biens du débiteur qui ne paye pas à l'échéance. Il ne s'exerce qu'après la vente en masse de ces biens, lors de la répartition du prix. Et même, à ce moment, il est primé par toute hypothèque, même postérieure en date.

Un seul point de ressemblance existe entre le privilège romain et le privilège, tel qu'il a été consacré par la loi française. Ce point de contact, c'est qu'entre les divers privilèges, les rangs s'établissent, sans avoir égard à l'ancienneté, mais d'après la qualité des personnes ou des créances. Ce n'était pas l'époque de la naissance du privilège qui donnait le rang d'antériorité, c'était la faveur qu'il méritait : « *Privilegia non ex tempore æstimantur, sed ex causa* ». Et l'on en concluait que ceux qui devaient leur privilège à une cause de même nature, concouraient entre eux : « *Et si ejusdem tituli fuerunt, concurrunt, licet diversitates temporis in his fuerunt* » (l. 32, *de reb. auct. jud. pass.* XLII, 5).

Le motif sur lequel repose le *privilegium dotis* nous est déjà connu. C'est une considération toute politique et que le jurisconsulte Paul a gravée dans cet adage célèbre : « *Reipublicæ interest, dotes mulierum salvas esse, propter quas nubere possint* (l. 2, D, *de jur. dot.*). Après la mort du mari et surtout après le divorce, lorsque la femme voulait exiger la restitution de sa dot, il arrivait souvent que le mari l'avait aliénée et la femme n'avait contre lui qu'une vaine créance. Elle ne pouvait alors convoler à de secondes noces et il en résultait un dommage public, aux yeux de l'État, pour qui les seconds mariages étaient très favorables. D'ailleurs le célibat était devenu à Rome une position trop souvent préférée aux soucis de la famille et il était nécessaire, au milieu de l'égarement des mœurs, de fortifier les avantages du mariage. Car sans dot la femme eût difficilement trouvé un mari. Caton lui-même, le vertueux Caton, ne partageait pas le moins du monde les principes de notre philosophe Montaigne sur les petites dots. Il déclare hautement que les grosses dots étaient l'objet de ses prédilections. Le théâtre, qui est toujours l'image des vices de chaque peuple et de chaque époque, nous présente cette idée sous toutes les formes :

> Nam quæ indotata est, ea in potestate est viri ;
> Dotatæ mactant et malo et damno viros.

PLAUTE, Aulul, 4, 5, 60.

La dot était donc devenue l'élément le plus nécessaire de toute union. Il fallait la protéger et l'on conçoit aisément qu'Auguste, parmi les nombreuses mesures qu'il prit pour multiplier les seconds mariages, songea d'abord à créer une garantie qui pût assurer à la femme la restitution de sa dot. Cette garantie, imparfaite encore, c'est le *privilegium dotis*.

Ce *privilegium* appartenait sans aucun doute à l'*uxor* réclamant sa dot. Mais il paraît que, pour pouvoir l'invoquer, il n'était point nécessaire que la femme eût été mariée valablement. C'est ce que dit Ulpien dans la loi 3 *de jur. dot.* et il cite deux hypothèses à l'appui de son dire. La première est relative à un mariage projeté qui aurait manqué et le jurisconsulte suppose que déjà la dot avait été livrée à celui qui devait être le mari. Sans doute, nous dit Ulpien, le terme de dot est inapplicable lorsque l'on parle de mariages qui ne sont pas valables : « *dos enim sine matrimonio esse non potest.* » Sans doute encore la femme ne pourrait répéter par l'action *rei uxoriæ.* Elle aura seulement l'action par laquelle on demande ce qu'on a donné dans un but qui n'a pas été atteint, la *condictio ob rem doti re non secuta* ou la *condictio sine causa.* Il semblerait donc, en droit pur, que tout privilège devrait lui être refusé. Cependant un intérêt d'ordre public en a fait décider autrement, il faut conserver ce bien à la femme pour qu'elle puisse l'apporter en dot, quand plus tard elle se mariera : « *Si sponsa dedit dotem, et nuptiis renuntiatum est, tametsi ipsa dotem condicit, tamen æquum est hanc ad privilegium admitti, licet nullum matrimonium contractum est.* »

Ulpien donne la même solution sur la seconde hypothèse. Un homme a épousé une fille mineure de douze ans. La loi qui fixe à douze ans pour la femme l'âge nécessaire pour pouvoir contracter mariage a donc été violée. Le mariage est nul et cependant la femme jouira du *privilegium dotis.* « *Item puto dicendum, etiam si minor duodecim annis in domum quasi uxor deducta sit, licet nondum uxor sit.* »

Hermogénien (l. 74 de *jur. dot.* XXIII. 3), donne la même décision sur l'une et l'autre hypothèse : « *si sponsa dotem dederit, nec nupserit, vel minor duodecim annis ut uxor habeatur, exemplo dotis, condictioni, favoris ratione, privilegium quod inter personales actiones vertitur, tribui placuit.* »

Cette extension du privilège a sans doute été introduite

par l'autorité des jurisconsultes comme semble l'indiquer le mot *placuit*.

Remarquons d'ailleurs que cette seconde décision suppose la bonne foi de celui qui a constitué la dot. Si donc le constituant, le père, par exemple, a trompé le mari, en lui faisant croire que sa fille avait plus de douze ans et veut répéter par la *condictio* les choses qu'il a données, le mari lui opposera l'exception *doli mali* et gardera la dot. Nous supposons bien entendu que nous nous trouvons dans un cas où le mari aurait conservé tout ou partie de la dot, si le mariage eût été valable. En un mot, le dol du constituant procure au prétendu mari, sur la dot improprement dite, le même profit qu'il aurait eu, s'il y avait eu justes noces et vraie dot (l. 11, § 4, *quod fals. tutore*).

Une nouvelle extension du *privilegium* est indiquée par la loi 22, § 13, D. *sol. matr.* (XXIV, 3). Ce texte suppose qu'une femme a épousé un esclave, le croyant libre, et accorde à cette femme une sorte de privilège (*quasi privilegium*) sur les biens de son mari. Grâce à ce privilège, elle sera préférée aux autres créanciers agissant comme elle, *de peculio*. Mais serait-elle préférée au maître qui serait lui-même créancier de son esclave? Le texte répond négativement. Le maître sera préféré, comme il l'est aux autres créanciers du pécule. Toutefois la femme pourra se faire payer avant le maître lui-même sur les choses qui ont été données en dot et sur celles qui ont été achetées au moyen de la dot.

Nous avons vu précédemment qu'il existait deux classes

de privilèges, les uns résultant de la qualité du créancier, les autres de la cause de la créance. Cette distinction n'est pas sans intérêt. Les premiers en effet sont purement personnels, c'est-à-dire intransmissibles, même aux successeurs à titre universel et ils s'éteignent par une novation volontaire. Les seconds, au contraire, sont transmissibles, et survivent, sauf intention contraire, à toute novation. C'est d'ailleurs ce qui résulte de la loi 196, *de regul. jur.* (4, 17): *Privilegia quædam causæ sunt, quædam personæ et ideo quædam ad heredem transmittuntur, quæ causæ sunt; quæ personæ sunt ad heredem non transeunt.* »

Ceci posé, à quelle catégorie appartient le *privilegium dotis*? Les motifs même qui ont fait admettre cette faveur devraient nous conduire à décider quelle est toute personnelle, on a voulu que la femme devenue veuve pût facilement se remarier. Or, cela paraît naïf, puisqu'elle est morte, on ne saurait invoquer cette raison.

D'ailleurs, au secours de cette opinion on peut appeler un texte qui semble formel. Je veux parler de la loi 1(*C. de privil. dotis*, VII, 74) rendue en l'an 210, sous le règne des empereurs Sévère et Antonin : « *Scire debes privilegium dotis, quo mulieres utuntur in actione de dote, ad heredem non transire.* » En face d'un texte aussi précis, le doute ne saurait être permis. Que l'on n'invoque point contre cette décision la règle qui forme la loi 13, § 3, *de fundo dot.* (XXIII, V) : « *Heredi quoque mulieris idem auxilium præstabitur quod mulieri præstabatur.* » Il s'agit en effet de savoir quel est cet *auxilium* qui serait accordé à l'héritier de la femme comme il l'aurait été à la femme elle-même. Or, il s'agit uniquement ici du moyen de faire tenir pour non avenue l'aliénation du fonds dotal consentie par le mari contrairement à la loi Julia. Le mari a vendu le fonds dotal *invita muliere* : au moment du divorce, le fonds est en la possession de l'acheteur ou de son ayant-cause : la loi Julia fait que la propriété n'a point été transférée, et par conséquent que le mari peut revendiquer le fonds, mais tenu de restituer la dot à la femme, il doit lui céder cette revendication et même en l'absence d'une cession effective, la femme obtiendrait du préteur une revendication utile. Voilà l'*auxilium* qui serait donnée à la femme elle-même ; Ulpien nous apprend que ce benéfice, à la différence du *privilegium*, est transmissible à l'héritier de la femme.

Ainsi le *privilegium* accordé à l'*uxor romanâ* est essentiellement personnel et n'appartient qu'à elle seule, sans pouvoir passer à ses héritiers. Bien plus, il se peut qu'elle se trouve en concours avec certains créanciers dont le privilège l'emporterait sur le sien.

D'abord, si les biens du mari sont vendus après sa mort, la créance des frais funéraires passe certainement avant toutes les autres, même avant celle de la femme. Tout concourt à lui faire accorder le premier rang, et la décence, et la salubrité publique. Il importe qu'un homme ne demeure pas sans sépulture. Mœcien l'avait bien compris, lorsqu'il écrivait au livre VIII de ses fideicommis « *impensa funeris ex hereditate deducitur, quæ etiam omne creditum solet prœcedere, cum bona solvendo non sint* » (loi 45, *de religios* D.).

On était arrivé à faire primer la femme par le fisc, pour ses créances contractuelles et notamment pour ses créances contre ses administrateurs comptables. Du reste, comme les agents du fisc avaient l'habitude d'exiger une hypothèque de tous ceux avec qui ils traitaient, cette clause devint de style, et vers l'époque de Septime Sévère et d'Antonin Caracalla, il était admis que le fisc a une hypothèque tacite sur tous les biens de ses débiteurs. Cette hypothèque du fisc s'étend sur les choses dotales, comme sur les autres biens du mari. Seulement la femme peut invoquer une sorte de bénéfice de discussion (l. 4, C. *in quib. caus. pign.*).

La femme peut parfaitement, à titre onéreux ou à titre gratuit, transmettre sa créance dotale à un tiers ; car elle est souveraine maîtresse de ses apports. « *Dos ipsius filiæ patrimonium est* » (loi 28 *de jur. dot*. D. Paul), et la loi *Julia* ne s'applique absolument qu'au mari. Cela ne ne fait aucun doute. Ulpien nous l'enseigne à propos de la délégation dans la loi 3, § 5 D. *de minor.* (IV. 4) et Paul l'affirme également (loi 28 *de jur. dot*). Faut-il donc argumentant par *a fortiori*, affirmer que la femme qui, pendant le mariage, peut disposer de sa créance dotale, peut également disposer de l'accessoire de cette créance, du *privilegium* en un mot, et y renoncer. Je crois que la négative est préférable. Le *privilegium dotis* a été créé dans un intérêt social, il est d'ordre public, et, « *privata conventio juri publico nihil derogat* » (Paul, *sent.* 1. 1 § 6). La renonciation au privilège doit donc être assimilée à ces conventions « *in quibus non semper voluntas contrahentium servatur* » (l. 12, § 1, 23, 4). Il en sera du moins ainsi, tant que durera le mariage ; car, dès que le mariage sera dissous, l'action *rei uxoriæ* prend naissance ; la femme peut faire novation avec son mari et par suite renoncer à son droit de préférence : « *Perit privilegium dotis, si post divortium dos in stipulationem deducatur* » (l. 29, D. *de nov. et delegat.*). Qu'on ne nous dise pas que cette solution est arbitraire ! Car la loi 27, § 4 *de pactis* (11. 14) nous offre une décision analogue : si je conviens avec Titius de ne point le poursuivre lorsqu'il commettra un délit contre moi, la convention est nulle. Tout au contraire, si le délit a été commis, si l'action est née à mon profit, je puis parfaitement renoncer au droit d'exercer cette action (Paul l. 27, § 4, *de pactis*, II, 14).

Il est une hypothèse plus frappante encore ; car nous la trouvons dans la matière même de la dot. Si, pendant le mariage, la femme convient avec le mari qu'elle ne demandera pas la restitution de sa dot à la dissolution du mariage, quoiqu'elle puisse se trouver dans un cas où elle aurait le droit de l'exiger, la convention est nulle. Elle vaudrait au contraire si elle était intervenue après le divorce.

Indépendamment du privilège qui garantit de plein droit la créance dotale, la femme peut avoir des sûretés conventionnelles. Ainsi, dans l'ancien droit, le mari pouvait *satisdare*, fournir à sa femme des cautions. Mais des constitutions impériales qui datent de la fin du ıv^e siècle, vinrent prohiber cette convention.

De même le mari pouvait engager ou hypothéquer à la femme ses propres biens ou même les choses dotales (l. 1, C. VII, 8). Cette clause finit bientôt par devenir de style et il n'est point téméraire d'assurer qu'à l'époque classique la garantie réelle de la femme pour la sûreté de sa dot consistait dans l'hypothèque qu'elle stipulait de son mari. Justinien, en accordant à la femme une hypothèque tacite, ne fera que consacrer législativement une institution qui était déjà dans la pratique et dans les mœurs. Aussi nous paraît-il nécessaire de dire quelques mots de l'hypothèque conventionnelle. C'est une introduction toute naturelle aux réformes opérées par Justinien.

L'hypothèque est un droit réel sur un bien affecté à l'acquittement d'une obligation (M. Accarias, précis, t. I, p. 656). Ce n'est pas ici le lieu de décrire le mécanisme des sûretés réelles, qui, telles que l'aliénation fiduciaire et le *pignus* avaient précédé l'hypothèque dans la législation romaine. Qu'il me suffise de rappeler que ces deux institutions avaient l'inconvénient très grave de priver le débiteur de sa chose, l'une en rendant le créancier propriétaire, l'autre en le rendant simplement possesseur. L'hypothèque réalisa sous ce rapport un perfectionnement marqué. Par une simple convention, sans que le débiteur perde même la détention de sa chose, le créancier acquiert le triple droit de préférence, de suite et de vente : le droit de préférence, c'est-à-dire le droit d'échapper à la loi du concours et de se payer sur le prix de la chose hypothéquée avant tous autres ; le droit de suite, c'est-à-dire le droit de suivre la chose hypothéquée en quelques mains qu'elle se trouve et de forcer à la délaisser quiconque la détient ; le droit de vente, le *jus distrahendi*, c'est-à-dire le droit d'aliéner individuellement la chose grevée et d'échapper aux lenteurs et aux frais de la vente en bloc.

Remarquons cependant, et c'est là une différence saillante entre le système hypothécaire usité à Rome et celui que la loi française a consacré, remarquons, dis-je, que la plénitude du droit hypothécaire n'appartient réellement qu'au premier créancier. Seul en effet il peut se faire délaisser la chose, non-seulement par les tiers, mais aussi par les autres créanciers hypothécaires. Seul, en exerçant le droit de vendre, il met son acquéreur à l'abri de toute menace d'éviction. La vente qu'il consent purge toutes les hypothèques. Toutefois, lorsqu'il a vendu et que sur le prix il a touché le montant de sa créance, il est comptable de la différence envers les créanciers postérieurs en date.

Plus étroit sous ce rapport que le régime français, le système romain était plus large si on l'envisageait au point de vue des biens susceptibles d'hypothèque. Non seulement tous les biens corporels, mais aussi un grand nombre de droits, tels que l'usufruit, la superficie, l'emphytéose, tels encore que les servitudes rurales (pourvu que le créancier fût propriétaire d'un fonds voisin du fonds servant) pouvaient être frappés d'hypothèque. On pouvait même hypothéquer une créance ; c'est le *pignus nominis*. Le créancier acquérait le droit de vendre la créance, ou, s'il le préférait, il pouvait en exiger le paiement à l'échéance. Dans ce cas, et si la dette avait pour objet de l'argent, il le gardait, jusqu'à concurrence du montant de son droit ; si elle avait pour objet une autre chose, il acquérait sur elle des droits de gagiste. Et non-seulement on pouvait hypothéquer sa créance, mais on pouvait même céder son droit hypothécaire, ce qui permettait au cessionnaire de se faire délaisser la chose hypothéquée et de la vendre. C'est le *pignus pignori datum*.

Entre créanciers hypothécaires, la préférence se déterminait d'après la date des hypothèques, et en commençant par la plus ancienne, quel que soit l'ordre dans lequel les créances elles-mêmes se sont produites. Mais la règle *Prior tempore potior jure*, très simple et très équitable en pure théorie, devenait, dans la pratique romaine, une source abondante de complications et de difficultés à cause du caractère occulte des hypothèques. Le défaut de publicité était absolu, et l'on comprend combien était précaire la situation d'un tiers acquéreur, d'un créancier hypothécaire ou d'un propriétaire qui avait besoin d'emprunter. Le premier, ayant acheté et payé son prix d'acquisition, était exposé durant trente ans à une éviction contre laquelle aucune prudence humaine ne saurait le garantir. Le second n'avait aucun moyen de constater s'il n'existait pas une hypothèque antérieure, et livré à la merci d'un créancier hypothécaire, premier en date, prête son argent au hasard, exerce son action hypothécaire au hasard, au hasard encore vend le gage au risque de l'action en éviction. Quant au troisième, son crédit est nul, parce qu'il ne peut offrir aux prêteurs ni sécurité, ni garantie.

L'empereur Léon crut parer à ce danger en décidant que celui dont l'hypothèque serait constatée soit par acte public, soit par acte privé portant la signature de trois témoins irréprochables, primerait toujours, malgré leur antériorité, les créanciers porteurs d'un simple titre privé. Mais ce timide essai de réforme ne satisfaisait pas aux véritables besoins de crédit, et, comme le fait remarquer M. Accarias (*Précis*, I, p. 669), le régime hypothécaire romain resta ce qu'il avait été à l'époque classique, une conception admirable de justesse, mais sans organisation pratique, comparable à une horloge bien réglée dont le cadran ne marquerait pas les heures.

Ces notions générales sur le régime hypothécaire étant données, revenons à notre question. En supposant un fidéjusseur ou un gage valablement fourni par le mari, la femme peut-elle dépouiller de cette sûreté sa créance dotale? « L'affirmative, dit M. Demangeat, ne saurait faire doute : le droit commun étant l'absence de cette sûreté, la femme qui l'a obtenue par suite d'une convention spéciale, ne viole évidemment aucun principe d'ordre public en y renonçant. Ajoutez que, quand elle fait remise à un fidé-jusseur ou au tiers détenteur d'un bien hypothéqué, ce n'est point là une *intercessio* dans le sens du sénatus-consulte Velléien (l. 8, *pr.* 16, 1) et que, quand elle fait remise de l'hypothèque à son mari propriétaire du bien affecté à la restitution de la dot, cela ne peut être annulé ni comme *intercessio*, ni comme donation entre époux (l. 18, 42, 8). Nous avons au surplus des textes positifs qui proclament la possibilité pour la femme de renoncer même pendant le mariage au droit de gage ou d'hypothèque qui lui a été consenti *dotis nomine* (l. 17, § 6, *de don. int. vir. et ux.*). »

Enfin, une constitution d'Anastase est encore plus catégorique. Je cite le commencement : « *Jubemus licere mulieribus, et pro uno contractu vel certis contractibus, seu pro una, vel certis personnis seu rebus, juri hypothecarum sibi competenti per consensum proprium renunciare, quodque ita gestum sit, hoc auctoritate nostra firmum illibatumque custodiri.* » Cette constitution me semble lever tous les doutes. Car l'empereur Anastase y reconnaît formellement que la femme peut renoncer à son hypothèque sur la chose qui fait l'objet du contrat du mari et au profit du tiers avec qui ce contrat intervient.

CHAPITRE II

Sous l'influence de l'Evangile, qui a fait la conquête du monde, les idées se sont élargies, la morale s'est épurée et si Justinien protège la dot, ce n'est plus comme jadis dans le but de favoriser les secondes noces. Le christianisme a fait justice de cette exagération ; sans les interdire absolument, il les voit avec défaveur. Justinien veut atteindre un but plus digne de la grande mission confiée au législateur ; la femme est faible, il faut la protéger pour elle-même, assurer son bien-être et celui de la famille.

La première constitution, qui marqua l'entrée de la législation romaine dans cette voie nouvelle, fut promulguée le troisième jour des kalendes de novembre, en l'an 529. Elle forme au Code la loi **30** *de jure dotium* (v. 12). Avant d'aborder l'explication, je reproduis le texte en plaçant la traduction en regard.

In rebus dotalibus, sive mobilibus sive immobilibus, seu se moventibus, si tamen extant, sive æstimatæ, sive inæstimatæ sint, mulierem in his vindicandis omnem

En ce qui concerne les choses dotales, qu'elles soient meubles ou immeubles, ou même se mouvant seules, pourvu qu'elles existent encore, qu'elles soient d'ailleurs es-

habere post dissolutum matrimonium prærogativam jubemus et neminem creditorum mariti, qui anteriores sunt posse sibi potiorem causam in iis per hypothecam vindicare, quum eædem res et ab initio uxoris fuerint, et naturaliter in ejus permanserint domi.io. Non enim quod legum subtilitati transitus earum in patrimonium mariti videatur fieri, ideo rei veritas deleta vel confusa est : Volumus itaque eam in rem actionem in hujusmodi rebus quasi propriis habere, et hypothecariam omnibus anteriorem possidere : ut sive ex naturali jure ejusdem mulieris res esse intelligantur sive secundum legum subtilitatem ad mariti substantiam pervenisse [videantur], per utramque viam, sive in rem, sive hypothecariam, ei plenissime consulatur.

timées ou non, nous voulons que la femme qui les réclame, ait sur elles, après la dissolution du mariage un droit complet de préférence, et qu'aucun des créanciers du mari, fût-il antérieur en date, ne puisse réclamer sur elles un droit préférable d'hypothèque, attendu que dans le principe ces choses appartenaient à la femme, et qu'elles ont continué de lui appartenir naturellement: Et de ce que par la subtilité des lois, elles ont, semblerait-il, passé dans le patrimoine du mari, la réalité n'a pas été pour cela détruite ou obscurcie; aussi voulons-nous que la femme ait à la fois et une action *in rem* sur les choses dotales, comme si elles lui étaient demeurées propres et une action hypothécaire préférable à toutes : en sorte que, soit qu'en vertu du droit naturel, on considère les dites choses commme appartenant à la femme, soit que grâce à la subtilité des lois, elles semblent avoir passé dans le patrimoine du mari, par l'une ou l'autre de ces deux voies : revendication, action hypothécaire, il soit pleinement pourvu à l'intérêt de la femme.

Je trouve dans ce texte deux innovations distinctes :
1° la femme a, comme garantie du recouvrement de sa dot,
une hypothèque privilégiée sur toutes les choses apportées
en dot au mari ; 2° la femme, au lieu d'intenter l'action
hypothécaire, peut, si elle le préfère, procéder par voie de
revendication des choses dotales, quand elles n'ont pas été
valablement aliénées par le mari.

La concession de l'hypothèque prévilégiée est certainement l'objet principal de la constitution qui nous occupe.
Cette hypothèque porte, non point sur tous les biens du
mari, mais sur tous ceux qui lui sont apportés *dotis nomine*
et elle assure à la femme la préférence sur tous les créanciers même hypothécaires du mari. Bien plus si le créancier du mari avait, avant le mariage, reçu une hypothèque
sur les biens à venir de son débiteur, il serait certainement
primé par la femme. Il ne serait donc pas exact de dire
que la femme a une hypothèque qui prend rang au jour
où les objets ont été apportés en dot : en réalité, la condition de la femme vaut mieux que ne l'indique cette formule.

Je n'ai pas besoin de faire remarquer que, si du chef de
la femme ou du constituant la chose était déjà grevée
d'hypothèque au moment où elle est apportée en dot, cette
hypothèque passerait avant celle de la femme.

Dès qu'une chose est acquise par le mari *dotis causa*,
elle est soumise à l'hypothèque privilégiée de la femme. Il
n'y a pas à distinguer si elle est estimée ou ne l'est pas.

Sans doute, lorsqu'une chose est estimée, ce qui est dotal, ce n'est pas la chose elle-même, c'est le montant de l'estimation, c'est une valeur et cependant cette chose n'en est pas moins grevée au profit de la femme d'hypothèque privilégiée. Il semble même résulter d'un passage de la constitution de 531 que, dans la pensée de l'empereur, la femme avait déjà une hypothèque privilégiée non-seulement sur les choses dotales, comme le dit la constitution de 529, mais encore sur les choses acquises avec l'argent dotal. Ce serait dans ce sens qu'on aurait accueilli dans les Pandectes l'assimilation faite par Gaïus : « *Res quœ ex dotali pecunia comparatœ sunt, dotales esse videntur* (l. 54 *de jure dot.* 23. 3).

Il n'y a pas non plus à distinguer, d'après le texte même de la constitution, s'il s'agit de meubles ou d'immeubles, de meubles morts ou de meubles vifs (animaux et esclaves). Ainsi un troupeau a été apporté en dot. Le mari, à l'instar d'un usufruitier, doit combler les vides qui se produisent, avant de pouvoir lui-même s'approprier le droit. Lorsque le mariage sera dissous, il est possible que toutes les bêtes qui composaient originairement le troupeau aient disparu et qu'elles aient été remplacées par d'autres. Néanmoins l'hypothèque privilégiée frappera le troupeau tel qu'il se compose maintenant. Tout autre serait la situation si la femme avait apporté en dot tel ou tel animal déterminé. Pour qu'elle eût droit à l'hypothèque privilégiée, il faudrait que cet animal se retrouvât *in specie* à la dissolution du mariage. S'il avait péri, même par la faute du mari, la femme n'aurait qu'une créance dotale dépourvue de la garantie qui nous occupe.

Une difficulté très grave a été soulevée pour l'explication d'un membre de phrase incident, d'ailleurs bien court, de notre constitution. Quel sens donner à ces trois mots *si tamen extant* ? Deux explications sont possibles. Ou bien ils signifient : *Si les biens dotaux sont encore dans le patrimoine du mari* ; ou bien : *Tant qu'ils existent dans la nature des choses*. C'est à ce dernier sens, je crois, qu'il faut s'attacher. La pensée de Justinien est simplement celle-ci : « La femme a une hypothèqne privilégiée sur tous les objets apportés en dot, même sur les animaux et les esclaves, qui sont pourtant destinés à périr plus vite que la plupart des objets inanimés ; mais bien entendu cette hypothèque privilégiée suppose un objet encore existant au moment où elle peut être exercée. » « Il est tout à fait impossible, dit M. Demangeat (*du fonds dotal*, p. 91), d'entendre les mots *si tamen extant* en ce sens que l'hypothèque privilégiée n'a lieu qu'autant que les chose apportées en dot n'ont pas été aliénées par le mari, mais sont restées dans son patrimoine : on ne voit pas pourquoi Justinien aurait traité la femme moins bien que les simples créanciers hypothécaires, en lui refusant d'une manière absolue le droit de suite contre les tiers acquéreurs. »

La loi 50 *sol. matr.* (l. XXIV, t. III) vient d'ailleurs me confirmer dans mon opinion. Elle prend évidemment le mot *exstare* comme indiquant le fait que les objets existent encore *in natura rerum*, bien que sortis du patrimoine du mari. Et je ne vois rien de contraire dans cette phrase des empereurs Léon et Anthemius, que l'on a coutume d'invoquer contre nous : « *Exstantes autem prædictas res, si non fuerint alienatæ vel consumptæ, vel suppositæ, licebit liberis vindicare.* »

Ainsi donc, lorsque le mari a aliéné, soit un meuble dotal, soit une chose mobilière ou immobilière apportée en dot après estimation, l'objet ne passe dans le patrimoine de l'acquéreur que *salvo jure mulieris*. La même solution devrait évidemment être admise si l'acquéreur constituait des droits réels. L'hypothèque privilégiée n'en souffrirait aucune atteinte.

Une hypothèque peut être consentie sur un droit de créance, sur un *nomen*. Si donc un semblable droit a été donné en dot, on ne peut douter qu'il soit grevé de l'hypothèque de la femme. Mais le mari pourrait-il sans le consentement de la femme faire *acceptilatio* au débiteur? Nous ne le pensons pas ; car ce serait lui permettre, par un acte arbitraire de sa volonté, de dépouiller sa femme de son hypothèque privilégiée. On peut invoquer en ce sens, par analogie, le rescrit des empereurs Sévère et Antonin, qui forme la loi 1, au Code de *serv. pign. dato manum*. Cette solution, d'ailleurs, serait inapplicable, si le débiteur venait à se libérer pendant le mariage. Quelque protection que mérite la femme, il est impossible de défendre à son débiteur de payer ce qu'il doit, quand l'échéance est arrivée. Si ce que le débiteur paie, est un corps certain, l'hypothèque privilégiée sera transférée sur cet objet. Si au contraire c'est une quantité, une somme d'argent, la femme, à la différence d'un créancier gagiste, ne pourra se payer dès à présent, car elle ne peut recouvrer sa dot même partiellement pendant le mariage.

Il résulte encore de la constitution que l'hypothèque privilégiée frappe les immeubles dotaux. Cette décision ne laisse pas de prime abord que de paraître fort singulière. Quel intérêt a donc la femme à obtenir une hypothèque privilégiée sur le fonds dotal, puisqu'il est inaliénable et ne peut être hypothéqué sans son consentement? Assurément, pourrait-on croire, le *privilegium inter personales actiones* suffirait ici à lui assurer la préférence sur tous les créanciers du mari. Et cependant son intérêt est évident, si l'on réfléchit qu'il y a d'autres créanciers hypothécaires que ceux qui tiennent leur droit d'une concession formelle émanée du propriétaire. A côté des hypothèques conventionelles, il y a des hypothèques légales. Dès lors, le fonds dotal, étant dans le patrimoine du mari, aurait pu de son chef se trouver tacitement et par la volonté de la loi grevé d'une hypothèque générale préférable peut-être à celle de l'épouse. C'est ce résultat inique que Justinien a voulu prévenir en rendant privilégiée l'hypothèque qui garantit la restitution de l'immeuble dotal.

Mais la femme pourait-elle invoquer contre un acquéreur l'hypothèque qui lui est accordée sur le fonds dotal? Au premier abord, il semble bien que jamais elle ne pourra l'invoquer ; car, si la femme a consenti à l'aliénation, elle a par là même renoncé à son hypothèque. Cependant l'on peut citer quelques hypothèses où le mari sera dépouillé de sa propriété, *ex causa necessaria*, sans son consentement, sans sa volonté, et où dès lors, nous devrons reconnaître à la femme le droit d'agir contre le nouveau propriétaire. Telle serait notamment l'hypothèse d'un partage.

Justinien ne s'est pas borné à reconnaître au profit de la femme l'existence d'une hypothèque privilégiée. Se conformant à une habitude qui est assez familière au législateur romain, il a voulu donner le motif de cette faveur. « En réalité, dit-il, la femme est restée propriétaire des objets qu'elle a apportés en dot à son mari : il serait donc bizarre qu'elle eût à souffrir de l'existence d'hypothèques établies sur ces objets du chef du mari. » Est-il vrai que la femme soit restée propriétaire des biens dotaux ? Est-il vrai que, rompant avec une tradition de douze siècles, Justinien ait voulu détruire l'antique propriété du mari sur la dot, pour reconnaître, à l'instar de nos législateurs modernes, le droit, le seul droit de la femme ? Nous ne le pensons pas, et il nous paraît impossible qu'on puisse s'arrêter à la proposition émise au texte. C'est là en effet une de ces idées vagues si communes malheureusement dans les œuvres législatives de la décadence, et qui résultent d'un examen superficiel des choses et d'un sentiment peu raisonné de l'équité.

« Pour les jurisconsultes romains, dit M. Gide (1), la condition des biens dotaux est parfaitement nette, parfaite-

---

1. *Revue de législation*, 72, p. 174.

ment déterminée, soit qu'on l'envisage par rapport au mari, soit qu'on la considère par rapport à la femme. Le mari seul est propriétaire. Pour s'inscrire en faux contre cette idée, il faudrait soutenir de deux choses l'une : ou que les biens dotaux n'ont jamais été la propriété du mari, ou qu'ils ont de plein droit cessé de l'être à la fin du mariage ; or ces deux thèses me semblent l'une comme l'autre bien difficiles à défendre. Dira-t-on en s'attachant à quelques expressions équivoques de la loi 30 que la dot n'est jamais réellement entrée dans le patrimoine du mari ? Mais ce serait nier audacieusement la vérité ; ce serait vouloir rayer d'un coup de plume cent textes formels du Digeste, des Institutes et du Code. Essaiera-t-on alors de soutenir que la propriété du mari sur la dot n'est qu'une propriété résoluble et qui fait retour à la femme sitôt que le mariage se dissout ? Mais les textes comme les principes repoussent une pareille interprétation. Les textes : notre loi parle non d'un domaine que la femme *recouvre*, mais d'un domaine qu'elle *conserve* : « *Eœdem res et ab initio uxoris fuerunt, et naturaliter in ejus permanserunt dominio* ». Les principes : c'est en effet un principe élémentaire que le droit de propriété, étant de son essence un droit absolu, est par là même un droit perpétuel, on peut concevoir une propriété conditionnelle, on ne peut concevoir une propriété temporaire. Si vous me cédez votre bien pour cinq ans, ce n'est point la propriété que vous me cédez : le bien n'a pas cessé de vous appartenir, puisque vous ne vous êtes dessaisi un instant qu'avec la certitude de le reprendre. Or la dissolution du mariage n'est pas une condition, mais un terme, puisqu'elle ne peut manquer d'arriver tôt ou tard. Dire que le mari est propriétaire de la dot, mais seulement tant que dure le mariage, c'est dire qu'il est propriétaire *ad tempus*, ce qui est une contradiction et un non-sens.

Donc le mari est propriétaire de la dot. Mais comment expliquer que la femme ait néanmoins une action en revendication ?

Il est nécessaire pour cela de se rendre un compte exact de l'enchaînement des idées qui sont émises dans la constitution. Le but principal de Justinien est de créer au profit de la femme une hypothèque privilégiée. C'est là l'objet essentiel de la constitution. Mais Justinien, pour justifier la faveur qu'il accorde à la femme, ne trouve rien de mieux que d'imaginer une propriété naturelle qui aurait appartenu à la femme à côté de la propriété civile du mari. Et immédiatement il attache à cette propriété naturelle un effet pratique, en permettant à la femme de recouvrer sa dot par voie de revendication.

De ce que cette décision de l'empereur, en tant que décision juridique est *injusta*, non conforme à l'*ipsum jus*, s'ensuit-il qu'elle ne soit pas équitable ? C'est une tout autre question et que la première ne saurait préjuger. En se plaçant au point de vue de la morale, au point de vue de la protection due à la femme, on ne se sent plus le droit de reprocher au législateur la violation des principes. Avant la promulgation de la loi 30, Code *de jure dotium*, la femme n'avait contre le mari pour se faire restituer ses apports qu'une action personnelle privilégiée, ce qui était une bien faible garantie. Se borner à changer le *privilegium* en hypothèque privilégiée n'était pas suffisant, puisque la femme qui réclame sa dot par l'action hypothécaire n'a droit qu'à une somme d'argent et qu'il est souvent préférable pour elle d'obtenir ses apports en nature. C'est alors que cherchant une combinaison nouvelle, capable de tout concilier, Justinien eut l'idée de confier à l'*uxor*, outre l'action hypothécaire, le bénéfice de la revendication. Cette innovation ne lui coûta pas un grand travail d'imagination ; il n'eut guère qu'à copier une décision de Paul, qui forme la loi 55, *de donat. int. vir. et ux.* La donation d'une somme d'argent avait été faite par une femme à son mari ; celui-ci avait employé ces fonds à acheter soit des meubles, soit des immeubles, puis était devenu insolvable. La femme, regrettant d'avoir fait cette donation, la voulait révoquer, et demandait s'il lui serait possible de revendiquer les objets achetés avec son argent et qui se trouvaient encore en nature dans le patrimoine de son époux. Paul consulté, répondit qu'il était impossible de nier que le mari, bien qu'actuellement insolvable, ne se fût enrichi par la donation, qu'il ne fallait donc pas calculer ce qui lui restait une fois ses dettes payées, mais envisager ce qu'il possédait *ex re mulieris*, et qu'en conséquence, rien ne s'opposait à ce qu'on accordât à la femme une revendication utile.

Se fondant sur ce texte, certains auteurs ont soutenu que, si la femme avait une revendication utile, à l'effet de révoquer sa donation, elle devait *a fortiori* en posséder une pour le recouvrement de sa dot, puisqu'en pareil cas sa position est bien plus digne d'intérêt. Justinien n'aurait donc fait que sanctionner de son autorité un usage préexistant. Je crois que cette opinion n'est pas fondée. Justinien nous présente sa décision comme une œuvre qui lui est propre et j'aime à croire qu'il ne se serait pas engagé dans les explications énigmatiques qu'il nous donne s'il avait eu quelque précédent à invoquer en sa faveur. Ajoutons en outre que l'analogie entre les deux hypothèses n'est pas aussi parfaite qu'elle semble l'être au premier abord. L'action en révocation n'étant pas privilégiée comme l'action de dot, la femme devait infailliblement au premier cas se trouver en perte, tandis qu'il était possible qu'elle fût suffisamment protégée au second par l'effet du *privilegium*.

CHAPITRE III

HYPOTHÈQUE GÉNÉRALE ACCORDÉE A LA FEMME SUR
LES BIENS DU MARI

Justinien ne tarda pas à trouver que la protection qu'il avait accordée à la femme mariée pour la restitution de sa dot n'était pas suffisante, et pendant les kalendes de novembre, en l'année 530, il promulgua une nouvelle constitution, qui est devenue la loi unique au Code, *de rei uxoriæ actione* (V. 13). Cette constitution est fort longue et contient des dispositions de natures assez diverses. Aussi le *prœmium* indique la transformation de l'action *rei uxoriæ* en une action *ex stipulatu* et décide que la femme sera toujours censée avoir stipulé la restitution de la dot. Il n'entre pas dans notre plan d'analyser toutes ces dispositions : nous nous bornerons à reproduire le § 1 qui accorde à la femme des sûretés réelles plus étendues et le § 15, dont nous aurons spécialement à nous occuper, quand nous aborderons la question de savoir si la femme peut renoncer à son hypothèque.

§ 1. — Et ut plenius dotibus subveniatur : quemadmodum in administratione pupillarium rerum,

Pour subvenir plus pléinement encore aux dots, et à l'exemple des hypothèques tacites destinées

et in aliis multis juris articulis, taci-
tas hypothecas inesse accipimus :
ita et in hujusmodi actione damus
ex utroque latere hypothecam, sive
ex parte mariti pro restitutione
dotis, sive ex parte mulieris pro
ipsa dote præstanda, vel rebus
dotalibus evictis : sive ipsæ principales personæ dotes dederint,
vel promiserint, vel susceperint,
sive aliæ pro his personæ : et dos
sive adventitia, sive profectitia sit,
secundum veteris juris nomina-
tionem. Ita enim et imperitia
homninum et rusticitas nihil eis
poterit afferre præjudicii. . . . . .
. . . .

à protéger les pupilles contre l'administration de leur tuteur ou créées
pour beaucoup d'autres hypothèses
énumérées dans notre droit, nous
accordons comme garantie des actions concernant la dot une double
hypothèque l'une appartenant à
la femme sur les biens de son
mari pour la restitution de la dot
et l'autre au mari contre la femme
pour protéger l'action en fourni-
ment, et pour sauvegarder l'époux
contre l'éviction possible des choses
dotales et nous voulons qu'il en
soit ainsi, sans qu'il faille se demander si la dot a été *data, promissa, vel suscepta* par les parties principales, ou par toutes
autres personnes pour elle et pour
nous servir des anciennes expressions sans qu'il soit besoin de re-
chercher si la dot est profectice ou
adventice. De cette façon, l'in-
péritie et l'ignorance des hommes
ne pourra en rien préjudicier aux
femmes . . . .
. . . .

Et nemo putet nos hoc sancire
in his tantummodo dotibus quæ
instrumentis receptæ sunt : Nihil
enim prohibet, et sine scriptis dos,
vel detur, vel promittatur, vel sus-

Et qu'on n'aille pas croire surtout que nous appliquons notre
règle seulement aux dots reçues
par acte ; nous ne prohibons rien,
et si une dot a été *data, promis-*

cipiatur : simili modo intelligi factam stipulationem et hypothecam ex utroque parte, quasi fuerit scripta.

sa, vel suscepta sans qu'on ait fait dresser d'écrit, nous n'accorderons pas moins leur hypothèque au mari et à la femme, absolument comme si un acte était intervenu.

§ 15. ..... « Quum autem hypothecam, ei etiam ex hac lege donavimus, sufficiens habet remedium mulier, etsi maritus fundum alienare voluerit. Sed ne et consensu mulieris hypothecæ ejus minuantur, necessarium est, et in hac parte mulieribus subvenire, hoc tantum addito, ut fundum dotalem non solum hypothecæ titulo dare nec consentiente muliere maritus possit, sed nec alienare, ne fragilitate naturæ suæ in repentinam deducatur inopiam. Licet enim Anastasiana lex de consentientibus mulieribus vel suo jure renuntiantibus loquatur, tamen eam intelligi oportet in rebus mariti, vel dotis quidem æstimatis, in quibus dominium et periculum mariti est. In fundo autem non æstimato, qui et dotalis proprie nuncupatur, maneat jus intactum, ex lege quidem Julia imperfectum, ex nostra autem auctoritate plenum atque in omnibus terris effu-

..... Comme par cette loi même nous avons octroyé une hypothèque à la femme, elle se trouve suffisamment protégée contre les aliénations du fonds dotal que voudrait consentir le mari. Mais, en outre, pour empêcher qu'elle n'amoindrisse son hypothèque par son consentement, nous avons jugé nécessaire de venir à son secours, en ajoutant simplement que non-seulement le mari ne pourra pas grever d'hypothèque le fonds dotal, même avec le consentement de sa femme, mais aussi qu'il ne pourra point l'aliéner, de peur que l'épouse, par suite de sa faiblesse naturelle, ne se trouve réduite subitement à la misère. Une constitution d'Anastase nous parle de femmes qui donnent leur consentement ou renoncent à leur droit. On ne doit lui donner application que relativement aux biens propres du mari ou à ceux apportés en dot avec estimation,

sum, non tantum italicis, et sola hypotheca conclusum.

parce qu'ils sont sa propriété et se trouvent à ses risques et périls : mais en ce qui concerne le fonds non estimé, proprement fonds dotal, nous entendons que la femme conserve intact son droit, qui, imparfait d'après la loi *Julia*, est devenu complet par suite de notre autorité, applicable à tous les immeubles, non plus seulement aux fonds italiques, et ne se bornant pas à prohiber l'hypothèque. »

Ainsi deux hypothèques tacites sont créées par cette constitution, l'une au profit du mari pour obtenir la dot qui lui a été promise et le mettre à couvert en cas d'éviction ; l'autre au profit de la femme pour garantir la restitution de sa dot. Cette dernière, la seule dont nous ayons à nous occuper ici, frappe tous les biens présents et à venir du mari, les meubles comme les immeubles, et confère avec le droit de préférence un droit de suite.

Nous examinerons successivement quelles sont les créances que garantit cette hypothèque et quel rang on doit lui assigner.

Et d'abord cette hypothèque garantit la restitution de la dot, et le texte fait remarquer avec force détails qu'il n'y a pas à distinguer si la dot a été *data, promissa vel suscepta* par les parties. Il ne faudrait pas même croire que cette règle s'applique seulement aux dots qui ont été reçues par acte. La disposition est plus générale et trouverait son application, alors même qu'aucun écrit n'aurait été dressé.

Cette hypothèque garantit encore la restitution : 1° de l'augment de dot parce que c'est une véritable dot constituée pendant le mariage : « *Dos aut antecedit aut sequitur matrimonium* » (*Inst.* II, 7, § 3). *Dotes, constante matrimonio, non solum augentur, sed fiunt* » (Paul, *sent.* 2, 21, B. § 1).

2° De la donation *propter nuptias*. Cela résulte implicitement de la loi *Assiduis :* « *Hoc autem tantum ad dotem sancimus, non ad ante nuptias donationem, quam suo tempore servire disponimus et habere inter creditores sui temporis ordinem.* » Si en effet, la créance résultant de cette donation *servit suo tempore*, prend rang à sa date, si elle a *inter creditores temporis ordinem*, il est évident qu'elle doit être munie d'une hypothèque, car les créanciers chirographaires ne prennent jamais rang à leur date, et quant aux privilégiés, nous savons que leurs créances « *non ex tempore œstimantur, sed ex causa.* » La novelle 109, chap. I, est d'ailleurs fort explicite en ce sens : « *Si donationibus propter nuptias secundum tempora per quœ fiunt, hypothecas habere, omnibus in præsenti facimus manifestum per hanc sacram legem.* »

3° Enfin des biens extra-dotaux eux-mêmes, de ces biens que la femme remet au mari, *ut loco paraphernorum maneant*, comme nous l'apprend la loi 11, C.

pact. convent. qui en fait l'application particulièrement aux *nomina.* Justinien nous dit, dans cette loi, que si la femme a stipulé expressément du mari une hypothèque pour assurer la restitution du montant de ses créances, elle s'en devra contenter, mais il ajoute : « *Si minime hoc scriptum inveniatur, ex præsenti lege habeat hypothecam contra res mariti ex quo pecunias ille exigit.* » Ce texte est, comme la constitution unique, *C. rei. ux. act.*, daté des calendes de novembre de l'année 530 ; et peut-être serait-il permis d'en conclure qu'il faisait autrefois corps avec elle et qu'il en fut plus tard détaché par Tribonien pour servir aux besoins de la compilation Justinienne.

L'hypothèque tacite aurait-elle pu être étendue à une peine stipulée pour retard dans la restitution de la dot ? Je ne le pense pas. Car cette hypothèque garantit seulement les réclamations qui peuvent faire l'objet de l'action *rei uxoriæ* et dans l'hypothèse proposée, l'on sort des conditions normales de cette action.

Quel rang assigner à l'hypothèque tacite de la femme ? Primant les créanciers chirographaires simples ou privilégiés, la femme en concours avec des créanciers hypothécaires simples passe à sa date. Et, pour la dot, cette date était, non celle du jour où elle avait été livrée, mais celle du jour où elle avait été constituée ; la loi 1, D., *qui pot. in pign.* (XX, IV) nous indique du moins ce point de départ pour l'hypothèque expressément stipulée par la femme lors de son mariage, et je ne vois pas pourquoi l'on n'en dirait pas autant de l'hypothèque tacite, qui est tout aussi favorable : « *non solutionum observanda sunt tempora, sed dies contractæ obligationis.* »

Quant à l'augment de dot, la loi 19, C. *de donat. ante nuptias*, nous donne la solution : « *Jura hypothecarum quæ in augenda dote vel donatione fuerint, ex eo tempore initium accipiant, ex quo eadem hypothecæ contractæ sunt, et non ad prioris dotis vel ante nuptias donationis referantur.* » Cette décision, parfaitement juridique, est de Justin et par conséquent antérieure à la loi unique. C. *rei uxor. act.* Elle régissait alors l'hypothèque expresse, requise par la femme pour sauvegarder l'augment de dot ; mais aujourd'hui que la femme n'a plus besoin de stipuler expressément des garanties pour s'assurer le recouvrement de ses apports, aujourd'hui que Justinien lui concède une hypothèque toute générale sur le patrimoine de son mari, est-elle donc encore applicable ? Nous le pensons. L'hypothèque prépostère n'existera jamais dans une législation qu'à titre d'exception, et le droit commun exige que les garanties de restitution ne commencent à prendre naissance que du jour seulement où naît l'obligation même de restituer. C'est aussi l'avis de Voët (L. XX, t. 2, n° 20) : « *Jus hypothecæ habuit tum pro dote constituta, tum etiam pro dotis augmento, ex die augmenti.* » De même l'hypothèque garantissant la donation *propter nuptias* prend rang à sa date, *servit suo tempore*, ainsi que nous l'a appris la loi *Assiduis*, § 2, *qui pot. ex pign.* C.

Ajoutons, que, par la novelle 109 de l'année 541, Justinien décida que l'hypothèque n'appartiendrait qu'à la femme orthodoxe ; de là, la question de savoir si la femme juive est exclue de ce bénéfice. Grande controverse qui a fait verser des flots d'encre. Elle divise encore les auteurs. Il est certain qu'au point de vue des empereurs hyzantins, les hérétiques étaient vus de plus mauvais œil que les juifs ; ils étaient d'autant plus condamnables qu'ils étaient séparés de la pure orthodoxie par une nuance plus légère : « *Hereticorum vocabulo continentur, qui vel levi argumento a judicio catholicæ religionis detecti fuerint deviare*, dit l'empereur Valentinien (l. 2, § 1, C. *de heret*. I, 5). Au moyen âge, alors qu'on brûlait les hérétiques en tant qu'hérétiques, on ne persécutait guère les juifs que pour les dépouiller de leurs richesses.

Nous avons vu précédemment que la femme ne peut renoncer, pendant le mariage, à son *privilegium*. Nous avons admis tout au contraire qu'elle pouvait renoncer à l'hypothèque conventionnelle qu'elle aurait obtenue du mari pour sûreté du recouvrement de sa dot. Passant maintenant à la garantie nouvelle que Justinien vient d'octroyer, nous nous demandons si la femme peut renoncer à son hypothèque légale.

Cette question m'a paru pouvoir se placer ici ; car ainsi que déjà je l'ai fait remarquer, nous allons trouver dans la constitution de 530 un texte qui va nous guider dans la solution de cette question. Il s'agit du § 15 que j'ai rapporté et traduit plus haut.

Il résulte de ce passage que la femme, bien qu'ayant hypothèque sur tous les biens du mari est encore exposée à perdre sa dot. Supposez en effet que le mari veuille aliéner le fonds dotal ; pour le faire valablement, il lui faut obtenir le consentement de sa femme. Celle-ci consent, mais par là-même elle renonce à user de son hypothèque privilégiée à l'encontre de l'acquéreur. Si vous ajoutez que le mari n'a peut-être pas d'autres biens ou que ses biens sont grevés d'hypothèques antérieures à celles de la femme, vous comprendrez que la restitution de la dot peut être gravement compromise et qu'il devenait nécessaire de protéger la femme, en déclarant qu'elle ne pourrait renoncer à son hypothèque sur le fonds dotal ; ni au profit du mari, ni au profit d'un tiers. C'est ce que fait Justinien dans le § 15 précité et, comme conséquence, il défend au mari d'aliéner le fonds dotal, même avec le consentement de sa femme. Il semble dès lors que la constitution d'Anastase qui défend aux femmes de renoncer à leurs hypothèques est complètement abrogée. Le texte lui-même nous prévient contre cette exagération. La femme pourra encore faire porter sa renonciation sur l'hypothèque privilégiée qui grève les immeubles apportés en dot avec estimation, de même que sur l'hypothèque ordinaire qu'elle possède sur tous les biens propres du mari.

Mais *quid* de l'hypothèque affectant les choses dotales mobilières? La loi *un. C.* § 15 *rei ux.* n'en dit rien. Faut-il, comme nous venons de le faire pour les immeubles dotaux, distinguer entre les meubles estimés et ceux qui ne l'ont pas été, ou doit-on appliquer la « *lex Anastasiana* ? »

Nous pensons que la prohibition du § 15 n'a trait qu'à l'hypothèque du fonds dotal non estimé et qu'à l'égard de toute autre hypothèque quelle qu'elle soit, la loi d'Anastase doit être appliquée. On nous objectera, il est vrai, la généralité du motif que donne Justinien à l'appui de sa décision « *ne et consensu mulieris hypothecæ ejus minuantur* », on nous opposera encore la règle : *causa dotis pacto deterior fieri non potest* » et l'on observera qu'en matière de privilège il est défendu à la femme de renoncer, *constante matrimonio*, à la faveur légale et qu'il doit en être de même de l'hypothèque. Nous répondrons que la loi 1. *C. rei uxoriæ* est restrictive dans ses termes, et parle seulement du fonds dotal *non æstimatus* lorsqu'elle fait brèche à la constitution d'Anastase ; qu'en présence de cette constitution, même la règle « *causam dotis pacto deteriorem fieri non posse* » devient d'une application beaucoup trop restreinte pour qu'elle puisse servir d'argument. Enfin, comme le dit très bien M. Demangeat (*du fonds dotal*, p. 38), s'il est permis à la femme, et cela n'est pas douteux de renoncer à son hypothèque privilégiée au cas où des immeubles auraient été apportés en dot avec estimation, c'est-à-dire lorsque la dot consiste *in pecunia*, dans un bien mobilier il est impossible de comprendre pourquoi la renonciation ne serait pas également permise quand des objets mobiliers ont été apportés en dot avec ou sans estimation.

CHAPITRE IV

Au point où nous sommes arrivés, il semble que l'œuvre législative était complète et que la femme possède enfin toutes les garanties qu'elle pouvait revendiquer pour la protection de sa fortune. Le mari, il est vrai, est toujours propriétaire de sa dot; mais il est obligé de la rendre à la dissolution du mariage, et la créance dotale est entourée de sûretés si solides, qu'en fait, la femme jouit de presque tous les avantages de la propriété. Ces sûretés, est-il besoin de les énumérer ? Hypothèque tacite privilégiée sur les choses dotales, hypothèque tacite simple sur les biens propres du mari, séparation de biens en cas de déconfiture, impossibilité absolue d'aliéner ou hypothéquer les immeubles dotaux. Toutes ces mesures n'étaient-elles donc pas suffisantes pour que la femme pût recouvrer ses apports dans leur intégrité? A cette question, le jurisconsulte serait en droit de répondre que c'était en effet assez de faveur et que le législateur n'avait plus à intervenir. Je pense que la réponse de l'historien pourrait et devrait être tout autre et, qu'en se plaçant au point de vue des faits, on peut comprendre et même justifier l'hypothèque privilégiée que Justinien accorda en 531 aux femmes mariées par la célèbre constitution *Assiduis*, qui forme au Code la loi 12, *qui potior in pign.* Sans cesse obsédé par les continuelles allées et venues des femmes qui se rendaient au palais impérial pleurer leur dot, Justinien a résolu d'en finir avec ces récriminations et le moyen qu'il emploie est héroïque, radical. Il consiste à préférer l'hypothèque de la femme aux hypothèques consenties par le mari à ses créanciers, même antérieurement au mariage. Que ce privilége fût excessif, contraire au crédit, hostile à tout mouvement et méritant bien à Justinien son titre d'*uxorius*, ce n'est pas nous assurément qui le nierons. Cependant nous ne saurions nous associer à toutes les critiques amères que, depuis quatorze siècles, l'on a accumulées sur la tête de l'empereur byzantin. Nous demandons au critique impartial de vouloir bien considérer l'heure où fut promulguée cette constitution célèbre, avant de porter son jugement. « La société est battue en brèche; de tous côtés l'Empire reçoit de profondes blessures ; chaque jour se détache un membre de ce colosse expirant. Le gouvernement n'a qu'une vue, une pensée : c'est de maintenir son intégrité compromise, c'est de conserver les fragments encore debout de l'Empire qui chancelle. Eh bien, l'on retrouve dans le domaine des intérêts privés, dans les lois sur l'association conjugale, un reflet de la pensée qui dirige la politique de l'Empire. Lorsque la dépopulation fait de si rapides progrès, lorsque tant de familles décroissent et s'éteignent, ce n'est pas le progrès qui préoccupe le législateur : c'est le sentiment de la conservation. Il y aurait trop d'ambition à viser au développement de la richesse domestique. Trop heureux ceux qui se maintiennent dans leur état et emportent jusqu'à la mort leur honnête médiocrité ! Trop heureux ceux qui conservent ! En un mot, de ce régime dotal de Justinien, on peut dire qu'il est parfaitement approprié à une époque de décadence, ou tout au moins stationnaire, à une époque où le plus grand bien de la vie, c'est de ne pas la finir plus mal qu'on ne l'a commencée, et où l'espérance, mêlée de découragement et d'inquiétudes, ne saurait s'étendre jusqu'au progrès. »

Ajoutez à ces considérations générales l'insuffisance et l'organisation déplorable du système hypothécaire romain. L'absence de publicité devait exposer la femme à bien des mécomptes. Il arriva souvent, sans doute, qu'une femme s'aperçut, après son mariage, que les biens de son époux étaient déjà grevés au-delà de leur valeur d'hypothèques antérieures à la sienne. A cet état de choses, l'hypothèque privilégiée sur les biens dotaux n'était qu'un remède impuissant. La dot consistait-elle en argent, elle servait à payer les folies ruineuses du mari. Comprenait-elle des meubles autres que de l'argent, par exemple, des esclaves, des meubles meublants, ces objets sont soumis, par leur nature même, à de nombreuses chances de perte et de détérioration, de telle sorte que, le plus souvent, l'épouse devait trouver sa dot compromise à la dissolution du mariage. Joignez enfin à cela, les collusions fréquentes et possibles entre le

---

1. Troplong, *Introduct. au traité du contrat de mariage.*

mari et ses créanciers, pour tromper la femme ignorante des choses du *forum*, et vous n'aurez pas besoin, pour expliquer la nouvelle constitution, de recourir à des intrigues de palais ou d'accuser les passions de Justinien.

Remarquons aussi que nous sommes à une époque de réaction ; la femme païenne, qui était la *chose* du mari, achetée par lui, jugée par lui, est devenue l'épouse chrétienne, sa compagne et son égale : qu'y a-t-il donc d'étonnant alors, que, sous le souffle des idées nouvelles et de la morale chrétienne, on se soit laissé entraîner par le désir que l'on avait de favoriser celle que l'on commençait à révérer et à respecter ? « *Quis earum non misereatur propter obsequia quæ maritis præstant, propter partus periculum, et ipsam liberorum procreationem pro quibus multa nostris legibus inventa sunt privilegia* », s'écrie Justinien dans sa constitution, et que nous sommes loin ici du motif égoïste du *privilegium* : « Il faut conserver à la femme sa dot pour qu'elle se marie, et qu'elle se marie pour donner des enfants à l'État. »

Si donc la loi *Assiduis* mérite des critiques, ce n'est pas à son auteur qu'il faut les adresser, mais à son siècle. Cela posé, je ne fais aucune difficulté pour déclarer avec Donneau (*loi ult. qui potior in pign.*), Vinnius (part. 7, t. II, chap. XXV), Pothier et tant d'autres, qu'autant Justinien avait été bien inspiré en 530, lorsqu'il accordait à la femme une hypohèque tacite sur les biens de son mari, autant on doit regretter l'innovation de la constitution de 531, qui rendit l'hypothèque de la dot préférable à toutes autres. Et l'on comprend que les commentateurs frappés de l'iniquité de la loi *Assiduis* et vivant loin du temps qui l'a vu paraître, aient essayé de la restreindre par des tempéraments que malheureusement le texte et l'esprit de la loi doivent absolument faire rejeter.

Donneau entre autres (Code, sur la loi 12 *qui potiores*, § 4) soutient que l'hypothèque privilégiée de la femme existait seulement à l'égard des hypothèques tacites établies par le législateur, mais non pas à l'égard de celles que le mari avait constituées lui-même antérieurement au mariage. Cette opinion était, nous dit Donneau, généralement admise par les commentateurs de son temps : elle se fonde sur l'interprétation raisonnable de la loi ; on ne pourrait comprendre que le législateur autorisât la violation de contrats librement formés, tandis qu'il lui est permis d'amoindrir des droits qu'il a établis lui-même. Favre (Code, 1. 8, t. 8, *defin.* 16) est du même avis, tout en avouant que les termes de la loi répugnent à cette interprétation. Cette opinion doit être rejetée. La préoccupation constante de Justinien dans la loi *Assiduis* se trahit à chaque phrase : ce sont les créanciers antérieurs au mariage qu'il prétend écarter et il ne fait aucune distinction entre eux : « *Mulierem potiora jura contra omnes habere mariti creditores.* »

La constitution *Assiduis* est fort longue : nous nous bornons à traduire ici la partie du paragraphe 1er qui contient les dispositions nouvelles.

Reminiscentes, quod et alias duas constitutiones fecimus pro dotibus mulieribus subvenientes et hæc omnia in unum colligentes, sancimus ex stipulatu actionem quam mulieribus pro jam dote instituenda dedimus, cuique etiam tacitam donavimus inesse hypothecam, potiora jura contra omnes habere mariti creditores, licet anterioris sint temporis privilegio vallati.

Et ideo, quod antiquitas quidem dare incepit, ad effectum autem non pertulit, nos pleno legis articulo consummavimus : et sive liberos habeat mulier, sive ab initio non habeat, sive progenitos amisit, hoc ei privilegium indulgemus. »

Nous remémorant que nous avons déjà fait deux constitutions pour protéger la dot des femmes et voulant réunir ces règles en un seul tout, decrétons : qu'à l'avenir l'action *ex stipulatu* que nous avons autréfois accordée aux femmes pour leur dot et à laquelle nous avons donné la garantie d'une hypothèque tacite sera préférée à celle de tous les créanciers du mari, *fussent-ils antérieurs en date.*

Ce que l'ancien droit avait déjà commencé, mais qu'il n'avait pas mené à bonne fin, nous l'achevons donc pleinement par notre loi, et soit que la femme ait des enfants, soit qu'elle n'en ait jamais eu ou qu'elle les ait perdus, nous lui accordons ce privilège.

Quelles personnes peuvent profiter du bénéfice de la loi *Assiduis ?*

C'est d'abord la femme mariée, l'*uxor* « *cujus providentia solius hoc induximus,* » dit Justinien aux Institutes (liv. IV. tit VI § 29). Comme l'ancien *privilegium inter personales actiones*, l'hypothèque privilégiée était personnelle à la femme et ne passait pas à ses héritiers. Ceux-ci n'avaient que l'hypothèque tacite. La novelle 91 ne nous laisse aucun doute à cet égard : « *non aliis dedimus du-*

dum et damus hoc pivilegium, aut heredibus, aut credi-
toribus.

Toutefois Justinien fit exception pour les enfants, ou plutôt pour les *heredes sui*, réclamant, même à l'encontre de
la seconde *uxor*, la dot de leur mère ou de leur aïeule. Ils
ne doivent pas souffrir du prédécès de leur mère et ils jouissent de l'exercice des privilèges dotaux. Ceci nous est indiqué dans la loi 12, Code *qui pot. in pign.* et se trouve
répété dans la novelle 91.

Quant au père et au constituant étranger, en cas de dot
profectice ou de stipulation d'un droit de retour, ils n'ont
que l'hypothèque légale établie en 530 sur tous les biens
du mari (l. un. C. de *rei uxor.* § 13).

Faut-il attacher le bénéfice de l'hypothèque privilégiée à
la *condictio sine causa*, donnée à la femme pour répéter
sa dot, au cas où le mariage n'aurait pas lieu? Cette
condictio jouissait assurément de l'ancien privilège attaché
à l'action *rei uxoriæ* : néanmoins, il nous paraît difficile de
décider qu'elle jouira de même de l'hypothèque privilégiée.
Les raisons d'ordre public qui, dans l'ancien droit, impo-
saient la restitution intacte de la dot, pour permettre à la
femme de contracter un second mariage, n'existent plus
sous Justinien, et d'ailleurs aucun texte n'autorise cette
extension de la loi *Assiduis*.

Quelles créances garantira l'hypothèque privilégiée ?

La faveur accordée à la femme était limitée à sa dot.
« *Hoc autem tantum ad dotem sancimus*, est-il écrit au
§ 2 de la loi *Assiduis*. Quant aux créances paraphernales

dont l'administration avait été confiée au mari par là femme, elles ne sont sans doute protégées que par une hypothèque tacite ordinaire, puisque nulle part nous ne trouvons la trace qu'un privilège ait été accordé à l'*uxor* pour leur recouvrement (Voët. XX. t.IV. n° 21).

Le bénéfice de la loi s'étendait-il aux biens compris dans une donation *propter nuptias* ? La réponse de Justinien se trouve dans la loi 12, § 2, *qui potiores*. La femme ne peut invoquer son hypothèque privilégiée pour réclamer une donation *propter nuptias* et la raison en est facile à donner. La femme qui demande la restitution de ses apports « *certat de damno vitando* », tandis que celle qui réclame la *donatio propter nuptias, certat de lucro captando.* C'est ce que le législateur a parfaitement compris : « *non pro lucro fovemus mulieres, sed ne damnum patiantur, suisque rebus defraudentur* » (nov. 97, ch. III).

Quant à l'*augmentum dotis*, la question est plus délicate ; sans doute c'est une véritable dot constituée pendant le mariage et à ce titre il mérite tout autant de faveur que la dot proprement dite. Mais, d'autre part, il peut donner lieu à des collusions ; il se peut que, sous le masque menteur d'une augmentation simulée des apports, l'épouse s'entende avec son mari pour tromper les créanciers antérieurs au mariage et réduire leur gage à néant. Aussi, Justinien met-il plusieurs conditions à la faveur qu'il accorde, lorsqu'il s'agit de l'augment de dot. Après avoir déclaré que désormais, pour éviter toute machination entre maris et femmes, il entend que les libéralités entre époux faites pendant le mariage soient nécessairement réciproques et égales, il pose en règle : « *ne contingat augmentum non ipsa fieri veritate, scd schematicum, et maxime in parte mulieris, et ne viri creditores circumscribat, privilegio utens,* » que l'augment de dot passera seulement à son rang et à sa date. Mais il s'empresse de signaler deux hypothèses où il croit devoir faire fléchir le principe et accorder le privilège à l'*uxor*. La première de ces deux exceptions est celle où l'augment est fait en immeubles, parce qu'alors son existence est incontestable et que « *nulla hinc orietur læsio* ». Mais, si la femme qui a des immeubles dans son patrimoine fait l'augment en meubles, il y a tout lieu de croire à une collusion. Il est si facile, en effet, de simuler le paiement d'une somme d'argent. Aussi Justinien déclare-t-il qu'en pareil cas la femme ne sera privilégiée que pour sa dot « *quod et lædi homines, ex dato nobis dotibus privilegio, nullo volumus modo.* »

La deuxième exception, écrite dans la novelle 97, chapitre II, est celle où le mari, lors de la constitution de l'augment, n'avait pas de dettes : *nam suspicio contra creditores circumventionis non est.* » Mais quel intérêt a donc la femme à jouir, en pareil cas, d'une hypothéque privilégiée ? Car l'hypothèque simple sera toujours antérieure en date aux créances que l'on pourrait acquérir contre le mari. La réponse à cette objection est facile, et, pour montrer qu'une hypothèque simple serait insuffisante, il suffit de supposer que les créances postérieures sont elles-mêmes garanties par une hypothèque privilégiée.

Enfin si la femme primait tous les créanciers du mari qui avaient une hypothèque simple, elle ne jouissait pas du même avantage à l'égard de tous ceux qui avaient comme elle une hypothèque privilégiée. Parmi ces derniers, les uns lui étaient préférables, les autres inférieurs. Comment régler le concours? Nulle question n'est peut-être plus controversée ; chaque commentateur a fait sa classification, et pas une ne se ressemble. Cela d'ailleurs n'a rien qui doive surprendre. Aucune loi, aucune constitution n'a posé à cet égard de règles fixes et l'on ne trouve pour tout document que quelques solutions particulières éparses çà et là.

Les créanciers privilégiés, en les énumérant par ordre chronologique, sont, d'après M. Pellat :

1° Les créanciers dont l'argent a servi au débiteur à acquérir, à reconstruire ou à conserver dans son premier état la chose hypothéquée à un autre ont un droit de préférence sur cette chose pour la somme dépensée dans ce but ainsi que pour les intérêts. Mais il faut supposer qu'à défaut d'une hypothèque tacite, telle qu'ils l'ont dans certains cas, ils ont eu soin de convenir expressément d'une hypothèque, et cela au moment où s'est formée leur créance.

2° Le fisc a une hypothèque privilégiée, soit pour les impôts arriérés, soit pour ses créances contre un *primipilus*, soit pour ses créances contractuelles en général, mais seulement, dans ce dernier cas, sur les biens acquis par son débiteur depuis le contrat.

3° Enfin, la femme, ainsi qu'il résulte de la loi *Assiduis* que nous venons d'analyser.

D'après M. Pellat (*droit de gage et d'hyp.* p. 100) la préférence sur tous les autres créanciers hypothécaires privilégiés appartient au fisc. Il invoque, à l'appui de son opinion, la loi I. C. *si prop. public. pensit* (IV. 46) : « *Potior est enim causa tributorum, quibus priori loco omnia bona cessantis obligata sunt.* »

Ensuite vient celui qui a prêté de l'argent pour l'achat d'une *militia* et qui s'est réservé expressément le premier rang dans un acte souscrit par des témoins. Un semblable privilège est accordé à l'*argentarius* qui a avancé de l'argent pour l'achat de toute autre chose et s'est fait donner une hypothèque par un acte écrit.

La place suivante appartient à la femme ou à ses descendants, relativement à l'hypothèque dotale, et, en cas de concurrence, de plusieurs hypothèques dotales, la date décide de la préférence.

La dernière place est occupée par les autres créanciers privilégiés, dont l'argent a été employé pour l'acquisition, la reconstruction ou la conservation de la chose du débiteur (nov. 97, chap. III), et, entre ceux-ci, le créancier le plus récent prime le plus ancien, attendu que le dernier prêt a conservé la chose hypothéquée, même pour le créancier antérieur en date.

Pour donner le premier rang au fisc, M. Pellat s'appuie sur la loi 1 C. (IV, 46, *si propt. publ. pensit.*) déjà citée et ainsi conçue : « *Potior est enim causa tributorum, quibus priori loco omnia bona cessantis obligata sunt* », ce qu'il traduit : « Tout d'abord vient la cause des impôts auxquels, *avant tout* les biens du débiteur sont obligés. D'autre part, il est certain qu'à l'époque classique les créances du fisc étaient les plus favorables. Nous lisons en effet aux sentences de Paul (V. 12, 10) : « *Privilegium fisci est inter omnes creditores primum locum tenere* » et l'on ne saurait expliquer comment ces créances n'occuperaient qu'un rang inférieur, alors que le *privilegium* qui les garantissait autrefois est devenu hypothèque.

Mais la loi 1 C. (IV, 46) n'a pas été entendue par tous les romanistes dans le sens proposé par M. Pellat. On discute précisément sur la signification des mots « *priori loco* » qui devraient s'entendre de la priorité d'après le temps et non d'après le droit, par conséquent de la préférence accordée à cette hypothèque à cause de l'antériorité de son établissement et non à cause d'un privilège. De cette façon, le fisc n'aurait pour le recouvrement des *tributa* qu'une simple hypothèque tacite et ne jouirait d'aucun droit de préférence hormis celui qui lui appartiendrait si les biens du débiteur lui avaient été engagés en premier lieu. Si nous consultons en effet les lois 1 et 2 C. (*in q. c. pign. vel hyp.*), qui toutes deux émanent de l'empereur Antonin Caracalla, nous trouvons bien mentionnée l'hypothèque tacite, mais nous ne voyons pas qu'il soit question de privilège : « *certum est, ejus, qui cum fisco contrahit, bona veluti pignoris titulo obligari, quamvis specialiter, id non exprimatur.* » « Nous voyons bien, dit M. Machelard (textes expliqués, 1856, p. 133), que le fisc a l'avantage d'une hypothèque générale indépendante de toute convention expresse ; mais c'est là que se borne le privilége du fisc. Quant au rang que doit avoir cette hypothèque, elle suit les principes ordinaires, c'est-à-dire que c'est l'antériorité de l'affectation qui doit décider, ainsi que nous l'apprend la loi 2, *de privil. fisc.* (7, 73). « *Quamvis ex causa dotis vis quondam tuus tibi sit condemnatus, tamen si priusquam res ejus obligarentur cum fisco contraxerit, jus fisci tuam causam prævenit ; quod si post bonorum ejus obligationem rationibus meis cœpit esse obligatur, in ejus bona cessat privilegium fisci.* » Si dans ce texte le fisc prime la femme créancière pour sa dot, c'est qu'il avait contracté avec le mari avant que celui-ci hypothéquât tous ses biens au profit de sa femme. Par suite, l'empereur peut dire : « *jus fisci causam tuam prævenit.* »

D'après cette classification, la femme aurait donc la première place parmi les créanciers à hypothèque privilégiée. C'est à cette solution que nous pensons devoir nous rallier.

Il serait en effet surprenant que Justinien, qui s'occupait avec tant de soins des garanties hypothécaires des femmes, n'ait pas une seule fois songé à rappeler qu'il existait au profit du fisc une exception au droit de préférence qu'il leur accordait. Bien loin de là, les termes dont il se sert dans la loi Assiduis sont absolus et il est impossible d'imaginer plus de netteté et de précision : « *Sencimus eas (mulieres) potiora jura contra omnes mariti creditores habere, licet anterioris sint temporis privilegio vallati.* » Il n'y a pas de distinction ; le législateur ne dit plus *contra pœne omnes*, comme pour le *privilegium dotis*. Sa formule embrasse tous les créanciers du mari ; elle est absolument générale. Et plus loin nous lisons encore : « *Et quod antiquitas dare incepit, ad effectum non pertulit, nos pleno consummavimus.* »

Enfin le chapitre III de la novelle 97 nous fournit une dernière et décisive raison. On s'était demandé si celui qui a, de ses deniers et pour le compte du mari, procuré, fabriqué ou réparé un navire, bâti une maison, acheté un champ, doit obtenir sur ces biens, lorsqu'il les a stipulés en gage, une hypothèque préférable à celle de la dot. Or, Justinien nous apprend, qu'après avoir mûrement réfléchi, *plurimum his cogitans*, il entend que : « *Si quis domum renovasset, vel etiam agrum emisset, non possit talia privilegia mulieribus opponere.* » Et la raison qu'il en donne est remarquable : « *Minui autem eis dotem nullo sinimus modo.* » Ainsi, d'aucune façon, *nullo modo*, la dot ne peut être atteinte. Sans doute il serait juste de préférer sur la plus-value le créancier qui a augmenté le patrimoine du mari et qui a conservé le gage de la femme. Mais la loi *Assiduis* accorde un privilège *contra omnes creditores* et il est impossible d'échapper à son application. Qu'importent dans la pensée de Justinien, le crédit, la facilité des transactions, le commerce ? Avant tout, il faut protéger la dot.

ANCIEN DROIT

PRÉLIMINAIRES

Nous avons étudié les sûretés légales que la législation romaine avait accordées à la femme mariée. Nous devons maintenant exposer les vicissitudes de ce droit, dans les Gaules séparées de l'empire d'occident et conquises par les Germains.

Les Gaules étaient régies par le Code Théodosien, lorsque les barbares au v° siècle vinrent s'y établir. Les Visigoths occupèrent la partie méridionale ; les Burgundes le centre ; les Francs, le nord et l'est, d'où ils se répandirent ensuite sur tout le territoire.

Le *Breviarium Alarici*, redigé en 506 pour les provinces visigothes, simplifia la législation théodosienne : à la faveur d'une forme plus abrégée, il devint le Code des populations vivant dans toute l'étendue des Gaules sous la loi romaine.

On ne s'attend pas à trouver trace de l'hypothèque légale dans ce Code qui précède de vingt-trois ans la première des constitutions de Justinien que nous venons d'étudier. Mais du moins on s'attend à le voir parler de l'hypothèque conventionnelle. Car le droit d'hypothèque avait pris naissance dans les provinces et il paraît probable qu'il fut appliqué en Gaule, lorsque la conquête de César eut réuni ce pays à l'empire romain. Et cependant, le *Breviarium Alarici* est absolument muet à cet égard. Nous y trouvons il est vrai le mot *pignus*, mais jamais le mot *hypotheca*. L'on y voit toujours le créancier mis en possession de l'objet engagé *prædium commendatum* (Paul, *Sent.* 1. 10, 11, 12, *Interpretatio*). Or, si l'hypothèque eût été adoptée par la pratique, si elle eût jeté quelques racines sur notre sol, les jurisconsultes qui ont rédigé le *Breviarium* ne l'auraient certainement pas omise, par cela seul qu'elle n'était pas connue dans le droit barbare. La personnalité des lois était admise sans discussion, et, en faisant rédiger le *Breviarium*, Alaric, bien loin de vouloir modifier le droit romain pratiqué dans son royaume, avait au contraire pour but d'en rendre l'application plus facile.

Les lois germaines ne s'occupent également que du gage ; l'hypothèque leur est complètement étrangère. Si nous consultons les formules d'actes si nombreuses que cette époque nous a léguées, nous y voyons des actes de constitution de gage mobilier ; mais toujours l'objet est remis aux mains du créancier. Cependant, si l'on ne se servait plus de l'hypothèque, sa nature n'était pas inconnue. Isidore de

Séville, dans le cinquième livre de ses étymologies, composé au vi° siècle, définit l'*hypotheca*, le *pignus*, la *fiducia*. Nous trouvons également l'expression *hypotheca specialis* dans la compilation des capitulaires (liv. II, n. 29) qui fut faite par Anségise. Mais ce capitulaire attribué à Charlemagne est copié dans la novelle 7 de Justinien. C'est donc une œuvre apocryphe.

Les *Petri exceptiones,* rédigées, d'après M. de Savigny, au xi° siècle, contiennent sous la rubrique *de Rebus mariti uxori obligatis post dotis redditionem* (chap. 54, liv. IV) un résumé des droits accordés par Justinien à la femme.

Cependant, à la différence de la législation de ce prince, la femme n'a plus qu'une hypothèque simple pour sa dot. Elle est même primée pour la donation à cause de noces par tous les créanciers qui ont acquis des droits réels, antérieurement au jour de la demande.

Doit-on inférer de cet ouvrage qui a été publié en Dauphiné que l'hypothèque légale existait dès le xi° siècle dans cette province et qu'elle en est partie, gagnant de proche en proche, jusqu'à ce qu'elle ait couvert le sol de la France ? Nous ne saurions admettre cette supposition. Au xi° siècle, l'hypothèque n'était pratiquée dans aucune partie de la France ; le droit romain était si imparfaitement connu que l'on est obligé de compulser tous les écrits de cette époque pour trouver quelques lignes, quelques mots qui y fassent allusion et l'on voudrait prétendre que dans une province ce droit était non-seulement pratiqué, mais presqu'entièrement connu ! Une telle affirmation est inadmissible et nous ne pouvons voir dans le *Petri exceptiones* que l'œuvre d'un savant, et non celle d'un praticien exposant le droit suivi dans son pays. Consultez d'ailleurs les coutumes des pays voisins à cette même époque et vous n'y verrez nulle trace de l'hypothèque. Les *leges municipales Arelates* rédigées de 1162 à 1202 sont absolument muettes à cet égard. Les statuts municipaux de Salon, près Arles, (1293) déterminent comment l'on peut constituer un gage, mais ne disent mot de l'hypothèque. La coutume de Montpellier de l'an 1204, article 66, parle des *Pignoribus dotis nomine mulieri vel ejus viro obligatis.* Mais il s'agit évidemment d'une obligation par convention et en dehors de la constitution de dot puisque l'article décide qu'il n'y aura pas lieu de payer un droit au seigneur.

Tels sont les rares documents que nous pouvons présenter sur l'histoire de l'hypothèque jusqu'à la fin du xiii° siècle. A cette époque, qui est marquée par le règne de Philippe le Bel, la fusion s'est opérée entre les races indigènes et les envahisseurs, et tandis que pourtant la royauté capétienne fonde l'unité nationale, tandis que la langue se forme, la France présente une division bien tranchée au point de vue juridique. Dans la partie méridionale, le droit romain l'a emporté, tandis qu'au nord les coutumes germaniques ont pris de profondes racines. La lumière se fait du reste sur les institutions, et nous allons retrouver et voir se développer, l'hypothèque légale, d'abord dans les pays de droit écrit, puis dans les pays de coutumes et de nantissement. Nous terminerons cet historique en indiquant les modifications apportées à cette matière par les ordonnances et, après avoir rappelé la législation du droit intermédiaire, nous verrons quels principes ont été posés par les rédacteurs du Code civil.

Section I

Pays de droit écrit

La première coutume dans laquelle nous retrouvons l'hypothèque légale de la femme est celle de Toulouse rédigée au milieu du xiii* siècle. Cette coutume accordait à la femme pour le recouvrement de sa dot un droit tacite de préférence, à l'encontre de tous les créanciers du mari postérieurs au mariage, c'est-à-dire que la loi *Assiduis* n'était pas encore pratiquée. Mais lors de la renaissance des études juridiques, l'engouement pour le droit romain devint tel que chaque texte fut accepté avec enthousiasme comme un article de foi. La loi *Assiduis* ne passa pas inaperçue et quoiqu'on pût lui adresser des reproches fort graves, elle fut introduite au xvi* siècle, dans la deuxième rédaction de la coutume de Toulouse.

Toutefois les créanciers du mari antérieurs au mariage peuvent conserver leur rang hypothécaire en dénonçant leur hypothèque à la future épouse. Cette notification, cette *dénonce*, pour me servir du terme consacré par la coutume, doit être faite par acte authentique, contenant copie au moins par extrait, des titres du créancier. Mais c'était un point controversé que de savoir à quel moment cette notification devait être faite. La Rocheflaven pense qu'elle doit être faite avant les fiançailles, sur le bruit qui se répand que l'on se dispose à passer contrat ; Graverol prétend qu'elle intervient à temps pourvu qu'elle soit faite avant la célébration du mariage.

La dénonce n'était pas nécessaire quand une femme avait contracté mariage avec un homme dont les biens étaient saisis ou qui était détenu en prison pour dettes. Elle n'était pas non plus nécessaire de la part des enfants d'un premier lit pour ce qui pouvait leur être dû du chef de leur mère, parce que la seconde femme ne peut pas avoir ignoré le précédent mariage.

Au reste ce privilège de préférence fondé sur la loi *Assiduis* est personnel à la femme répétant sa dot et ne passe qu'à ses enfants ou descendants *jure filiationis*. Le créancier de la femme ne pouvait donc pas, même durant sa vie et en exerçant ses droits, user de ce privilège, malgré elle pour faire allouer sa dot avant les créanciers antérieurs au mariage.

Le privilège de la loi *Assiduis* n'existait que dans le ressoit du parlement de Toulouse et dans la Soule, petit pays ressortissant au parlement de Pau. Les autres coutumes des pays de droit écrit n'accordaient à la femme qu'une simple hypothèque.

Au parlement de Provence, la femme n'avait d'hypothèque privilégiée que sur les biens donnés à son mari en faveur du mariage. Les créanciers antérieurs au mariage ne pouvaient se plaindre de ce résultat, puisque, sans le mariage, ces biens ne seraient pas entrés dans le patrimoine de leur débiteur.

A Bordeaux, la coutume accordait à la femme une hypothèque générale sur les biens de son mari, et, par une faveur assez singulière, étendait même ce droit sur la totalité de l'immeuble que le mari possédait indivisément avec ses frères.

Ajoutons, que, toutes les fois qu'il y avait eu estimation des biens dotaux, la femme était de droit commun, considérée comme venderesse et pouvait en cette qualité, exercer un privilège sur ces biens.

Section II

Pays de coutumes

Dans les pays de coutumes, l'hypothèque légale ne fut admise que bien postérieurement au xiiie siècle. Certaines coutumes la rejetèrent même entièrement.

Deux principes de l'ancien droit coutumier et le régime matrimonial qu'il consacrait devaient pendant longtemps empêcher l'admission de l'hypothèque légale.

Le premier de ces deux principes était l'obligation de demander la permission du seigneur pour constituer un droit réel. Ce principe domine tout le moyen âge et les coutumes qui le conservèrent jusqu'à la révolution, repoussèrent pour la plupart l'hypothèque légale. Non-seulement on exigeait l'intervention du seigneur, mais tout droit de préférence était suivi d'une remise de l'objet engagé entre les mains du créancier. Beaumanoir sur la coutume de Beauvoisis et Pierre Desfontaines dans ses conseils à un ami se servent, pour désigner le gage, du mot *nans*, qui indique évidemment que le créancier est nanti, qu'il a la possession ; mais jamais ils ne parlent d'hypothèque.

Le second principe du droit féodal, qui, pendant longtemps a fait repousser l'hypothèque légale de la femme, nous est indiqué par le livre de *justice et de plet* (rédigé de 1260 à 1270, liv. VIII, titre III) : « *Home puet vendre son héritage por son besoing, non por son preu (profit). Qu'il ne le face por son lignage deseriter.* » C'est un reste de l'idée germaine de copropriété des biens entre les membres d'une même famille. Aussi voyons-nous à cette époque que l'on fait intervenir souvent dans un acte de vente les parents et les enfants pour les faire renoncer à leurs droits. S'agit-il d'une donation à l'église, l'acte contient une clause qui les menace de la colère divine, s'ils attaquent la libéralité.

Enfin, le régime matrimonial en usage à cette époque ne faisait guère sentir la nécessité de l'hypothèque légale.

Si la femme renonçait à la communauté, elle reprenait ses immeubles francs et quittes de toutes charges. A quoi lui eût servi une hypothèque? A reprendre ses biens mobiliers! Mais ce droit lui était refusé et la perte n'était pas grande si nous en jugeons par le vieil adage : « *vilis mobi-lium possessio* », et si nous rappelons que le prêt était défendu et que la plupart des rentes étaient immeubles. A réclamer son douaire ! Mais c'était un droit réel immobilier qui frappait une partie des immeubles du mari et que celui-ci ne pouvait faire disparaître par sa seule volonté. A éviter le dommage que lui causait l'obligation contractée avec son mari et à obtenir une indemnité ! Mais n'avait-elle pas à se reprocher d'avoir consenti à l'obligation ? A re-couvrer le prix de l'immeuble que lui avait vendu ! Mais, comme nous l'apprend Loyseau (*Traité des offices*, chap. IX, § 16) : « avant l'année 1580, époque de la réforma-tion de la coutume de Paris, on ne savait ce que c'était que le remploy par toute la France. On disait alors que le mary ne se pouvait lever assez matin pour vendre l'héritage de sa femme ; ou du moins on pratiquait à plus forte raison, que vendant volontairement le sien, il n'en pouvait pré-tendre de remploy. Mais en conséquence de ce que par cette même coutume tous advantages étaient prohibez entre mary et femme, les réformateurs d'icelle introduisirent fort justement le remploy, non pas en l'aliénation de tous propres et de toutes choses réputées immeubles, mais des héritages et rentes propres seulement. »

Le régime de la communauté, tel qu'il était constitué au xiiie, xive et xve siècle, ne comportait donc pas l'exis-tence d'une hypothèque légale. Aussi voyons-nous que les principaux documents de cette époque, tels que l'ancienne coutume de Bourgogne du xive siècle, le grand coutumier de Charles VI, ne parlent point de l'hypothèque légale de la femme mariée.

Cette hypothèque cependant n'allait pas tarder à paraître, non d'abord en vertu d'un principe spécial, mais seulement par application du droit commun. Vers la fin du xv° siècle, l'usage de l'hypothèque s'était généralisé dans les pays du centre, à tel point qu'on accordait cette garantie à toute obligation passée dans la forme authentique. La femme se trouva ainsi dotée d'une hypothèque toutes les fois qu'elle avait fait un contrat de mariage et cette hypothèque garantissait toutes les stipulations insérées dans le contrat et par lesquelles la femme se trouvait créancière de son mari.

La nécessité de l'hypothèque commence d'ailleurs à se faire sentir. C'est à cette époque que l'on voit s'introduire plusieurs conventions qui dérogent aux anciens principes. Telles étaient la clause de réalisation et la faculté de reprendre son apport franc et quitte. En 1580, comme nous l'avons vu, la coutume de Paris fut réformée et proclama dans l'article 232 l'obligation du remploi au cas de vente pendant le mariage d'un héritage ou du rachat d'une rente.

Dès lors nous voyons la jurisprudence consacrer successivement l'hypothèque légale pour la garantie des divers chefs de reprises de la femme. En 1557, le Parlement de Paris reconnut une hypothèque à la femme sur tous les biens de son mari pour le douaire coutumier. Un peu plus tard, nous trouvons les premiers arrêts relatifs à l'hypothèque légale pour remploi des propres aliénés ou indemnité des dettes.

Mais ici la lutte fut vive. Fallait-il que le remploi eût été stipulé par le contrat de mariage, pour que la femme pût invoquer l'hypothèque? Devait-on faire remonter l'hypothèque au jour du mariage? Ces questions furent généralement résolues dans un sens favorable à la femme. La jurisprudence fut d'ailleurs fixée d'une façon définitive par la déclaration du roi de 1673 qui portait expressément (art. 61) que les femmes auraient indemnité et hypothèque du jour de leur contrat. L'édit fut révoqué il est vrai ; mais cette question ne fit plus de difficultés.

En résumé l'hypothèque légale ne date dans les pays de coutumes que du XVIe siècle ; mais dès la fin de ce siècle, elle est parvenue à son complet développement, et si quelques points sont encore contestés, l'existence ne fait plus de difficulté.

S'il y a plusieurs créances qui ont leur hypothèque du contrat de mariage, il semble qu'ayant toutes une même date, elles devraient concourir. Néanmoins la jurisprudence avait établi un ordre entre elles. La créance de la femme pour la restitution de sa dot est colloquée la première ; le douaire ne vient qu'après. On place après le douaire les autres conventions de sa femme et le remploi de ses propres aliénés. L'indemnité de la femme pour les dettes auxquelles elle s'est obligée ne tient que le dernier rang (Pothier, p. 465, IX. Édit. Bugnet).

Au premier abord, l'idée de cette classification paraît assez singulière. Qu'importait à la femme d'être payée d'abord pour sa dot ou pour son douaire ? Ou les biens de son mari sont suffisants pour la désintéresser, et alors elle sera payée intégralement. Ou ils ne sont pas suffisants, et alors elle n'obtiendra qu'une certaine somme, qui sera toujours la même soit que l'on commence par le paiement de la dot, soit que l'on commence par le paiement du douaire.

Mais l'utilité de cette classification apparaîtra si l'on suppose que la femme a subrogé un créancier, non pas à son hypothèque en général, mais à l'hypothèque qui garantit telle ou telle de ses reprises. C'est ce que suppose Pothier (p. 466) : « Un parent du mari s'est rendu envers la femme caution de sa dot, et non de ses autres conventions matrimoniales : ce parent, en payant à la femme sa dot, et se faisant subroger aux droits et hypothèques de la femme, pour raison de cette dot qu'il a acquittée, doit être mis en ordre, pour la somme à laquelle monte la dot qu'il a acquittée, avant le douaire dû à la femme et ses autres créances et conventions matrimoniales ». Et l'on comprend que la ressource est précieuse si les biens du mari sont insuffisants.

SECTION III

Des pays dits de nantissement.

Dans le nord de la France existaient certaines coutumes, dites de nantissement, parce qu'on y avait conservé les anciennes formalités de l'inféodation, de la saisine, pour la constitution des droits réels. Ainsi l'article 119 de la coutume de Vermandois nous apprend que « l'hypothèque ne se constituait pas par le seul consentement ; mais qu'il était requis nantissement du jour duquel elle devait avoir cours. » En conséquence le créancier s'adressait au maire, échevin, ou autre justicier du lieu où sont assis les héritages, sur lesquels il voulait acquérir droit d'hypothèque et il les requérait en présence de deux témoins, « de le nantir sur lesdits héritages, et de ne recevoir dores en avant aucun nantissement », et l'article 120 ajoute : « Et sont tenus lesdits justiciers fonciers, par devant lesquels se font lesdits vests et devests et nantissements faire faire par leurs greffiers, registre à part, d'iceux vests et devests, et nantissements. »

De pareilles coutumes devaient évidemment se refuser à admettre une hypothèque résultant du fait seul du mariage et ce ne fut que par suite d'une circonstance toute fortuite que quelques-unes d'entre elles finirent par reconnaître l'hypothèque légale de la femme.

Ces provinces se divisaient en deux groupes. Le premier qui comprenait la Picardie et le Vermandois relevait du parlement de Paris et l'on conçoit que son droit devait être assez mal protégé. Aussi voit-on s'introduire peu à peu dans ces deux pays, les dispositions de la coutume de Paris relatives à l'hypothèque légale et au douaire. Les édits sur les donations et les substitutions qui supposent l'existence de l'hypothèque légale, ayant été enregistrés par le parlement de Paris, sans réserve de leur droit, les coutumes de ces deux pays qui n'avaient pas encore changé leurs anciennes dispositions durent alors y faire formellement exception sur ce point. Enfin l'édit de 1771 vint modifier complètement tout ce qui avait trait à la manière de constituer l'hypothèque et les deux provinces furent obligées d'accepter l'hypothèque occulte.

Les coutumes du second groupe résistèrent à l'introduction de l'hypothèque légale pendant toute la durée du droit ancien. C'étaient celles des deux provinces d'Artois et de Flandre. Leur situation, il est vrai, était tout autre ; car elles avaient pour les protéger une juridiction supérieure et indépendante. Aussi les édits ne furent-ils enregistrés qu'avec réserve expresse qu'ils n'apportaient aucune dérogation aux principes établis, et plusieurs même de ces édits portaient qu'ils n'entendaient point modifier les usages des pays d'Artois et de Flandre.

SECTION IV

Ordonnances royales

Les rois de France n'exercèrent que fort tard la puissance législative dans les matières du droit civil. La faiblesse de la royauté pendant le moyen âge, l'absence de toute centralisation, la résistance qu'opposaient les parlements, gardiens soigneux des anciens usages, expliquent le long silence du législateur. Le premier édit qui se réfère à notre sujet, date de 1581, sous le règne d'Henri III. Il fut d'ailleurs révoqué sept ans plus tard. Cet édit créait dans chaque siège royal, un office de contrôleur des titres pour enregistrer tous les contrats qui excéderaient 5 écus en principal ou 30 sous de rente foncière. A défaut de contrôle, ces actes n'emportaient point de droit de propriété ni d'hypothèque. Il y avait là assurément une certaine publicité. Mais ce motif ne fut point celui qui guida Henri III, lorsqu'il édicta cette mesure. Il n'y vit qu'un moyen de grossir le fisc royal. Aussi passons et faisons l'honneur à Sully d'avoir le premier reconnu quels avantages procurerait au crédit national, un système hypothécaire fondé sur la publicité. Le grand ministre eut voulu que nul, de quelque condition ou qualité qu'il fût, ne pût emprunter, sans qu'il fût déclaré quelles dettes il pouvait déjà avoir.

Ce que Sully eût voulu, Colbert le tenta. En 1673, parut un édit fameux qui réglementa le régime hypothécaire et l'astreignit à la publicité. Des greffes étaient établis pour recevoir les oppositions des créanciers hypothécaires. L'opposition devait contenir de la part de l'opposant élection de domicile dans le lieu où se faisait l'enregistrement ; elle était datée, signée de l'opposant et du greffier, et devait indiquer le quantum et la cause de la créance.

La publicité était donc la règle ; mais il y avait exception, et notamment en faveur des femmes. Celles-ci étaient dispensées de former et faire enregistrer leurs oppositions sur les biens de leurs maris. L'édit reconnaît, en outre, qu'elles ont droit d'hypothèque du jour du contrat de mariage pour leur dot, douaire et autres droits procédant de leur mariage, ainsi que pour l'indemnité des obligations contractées avec le mari (art. 60 et 61). Les femmes séparées de biens avec leurs maris devaient, pour conserver leur rang d'hypothèque, faire enregistrer leurs oppositions dans les quatre mois de l'acte ou du jugement de séparation. Les veuves devaient former leurs oppositions dans l'année à partir du jour du décès de leurs maris. Passé ces délais, elles pouvaient encore former opposition, mais elles ne prenaient rang que du jour de l'enregistrement de leur opposition (art. 63 et 64).

Malheureusement, ainsi que Colbert le fait remarquer en son testament, le parlement n'eut garde de souffrir un si bel établissement qui eût coupé la tête à l'hydre des procès, mais avait le tort de mettre à nu la situation pécuniaire de la noblesse. Au mois d'août 1674, l'édit fut révoqué sur ce motif que *les réglements les plus utiles ont leurs difficultés dans leurs premiers établissements.*

Au xviiie siècle, nous trouvons dans trois ordonnances célèbres des dispositions relatives à l'hypothèque légale de la femme. La première est l'ordonnance de 1731, sur les donations, qui, dans son article 42, s'occupe incidemment de notre sujet. Cet article 42 est ainsi conçu : « Les biens compris dans la donation révoquée (pour cause de survenance d'enfants) rentreront dans le patrimoine du donateur, libres de toutes charges et hypothèques du chef du donataire, sans qu'ils puissent demeurer affectés, même subsidiairement, à la restitution de la dot de la femme dudit donataire, reprises, douaires et autres conventions matrimoniales ; ce qui aura lieu quand même la donation aurait été faite en faveur du mariage du donataire et insérée dans le contrat, et que le donataire se serait obligée comme cau- tion, par ladite donation, à l'exécution du contrat de mariage. » Ainsi se trouvait condamnée la jurisprudence des parlements de Paris et de Toulouse, qui conservait à la femme, pour sûreté de son douaire, de ses conventions matrimoniales, de sa dot et de l'augment de dot une action subsidiaire sur les donations révoquées pour cause de survenance d'enfants. Le droit de la femme fut donc restreint en cette matière ; mais il continua de subsister comme par le passé dans tous les cas de révocation pour cause d'ingratitude. Il en était de même dans les pays de droit écrit, quand il y avait lieu au droit de retour et qu'il s'agissait de biens donnés par le père ou la mère à leur fils en faveur du mariage. Dans les deux cas du reste ce droit était limité à la dot et à l'augment de dot, et ne pouvait être exercé par les héritiers de la femme.

L'ordonnance de 1747 sur les substitutions, rédigée par le chancelier D'Aguesseau, règle dans les articles 44 et suivants du titre I de nombreuses difficultés qui s'étaient élevées relativement à l'hypothèque de la femme sur les biens substitués. Les décisions de l'ordonnance sont en général conçues dans un esprit favorable aux femmes.

Aux termes de l'article 44, l'hypothèque ou le recours subsidiaire accordé aux femmes sur les biens substitués, en cas d'insuffisance des biens libres, aura lieu, tant pour le fonds ou le capital de la dot que pour les fruits ou intérêts qui en sont dus. L'article 45 accorde à la femme et à ses enfants le recours subsidiaire tant pour le fonds que pour les arrérages du douaire, soit coutumier, soit préfix. L'article 46 l'accordait aussi pour l'augment de dot. Au contraire l'article 48 refusait à la femme tout recours subsidiaire pour le préciput, la donation de bagues et joyaux et pour les autres libéralités et stipulations non comprises dans les articles 44,45 et 46. Enfin l'article 49 lui refusait tout recours subsidiaire pour la récompense de ses propres, aliénés de son consentement, pendant le mariage.

L'odonnance détermine dans l'article 52 à quelles femmes sera accordé le bénéfice de l'hypothèque légale sur les biens substitués. Certains auteurs ne voulaient accorder d'action subsidiaire qu'une fois, c'est-à-dire à la première femme de l'héritier institué et la refusaient aux autres ainsi qu'aux femmes des substitués. L'ordonnance fit cesser ces doutes et décida que le recours subsidiaire accordé aux femmes devait avoir lieu dans tous les degrés de substitution et en faveur de chacune des femmes que ceux qui sont grevés de substitution auraient successivement épousées. Toutefois elles ne peuvent exercer ce droit contre les enfants d'un premier lit qui viendraient recueillir le bénéfice de la substitution.

Enfin l'article 53 donne l'hypothèque toutes les fois que le bien est donné par un ascendant, et, quand il l'a été par un collatéral ou étranger, seulement si la substitution est faite en faveur des enfants du donataire, ou subordonnée à son décès sans enfants.

Une troisième ordonnance, la plus importante assurément, au point de vue qui nous occupe, fut rendue en 1771, sous le chancelier Maupeou. Une réforme était demandée depuis longtemps, car les hypothèques n'étaient soumises à aucune formalité propre à les faire reconnaître et leur rang étant déterminé par la date d'actes qui restaient inconnus au public. On ne savait jamais si tel immeuble était libre ou grevé. Les tiers qui traitaient avec un propriétaire étaient ainsi exposés à voir surgir inopinément des hypothèques antérieures et s'écrouler la sûreté sur laquelle ils avaient compté. D'un autre côté, l'acquéreur d'un bien susceptible d'hypothèque ne pouvait payer son prix au vendeur sans s'exposer à l'alternative ou de payer une seconde fois ou de délaisser le bien aux créanciers hypothécaires.

Il est vrai qu'on avait trouvé le moyen de remédier à ce dernier inconvénient. Comme les ventes par décret, c'est-à-dire les ventes judiciaires sur saisie, avaient pour effet de purger le bien ainsi vendu des hypothèques dont il était grevé, on avait eu l'idée, pour arriver au même résultat, de recourir fictivement à ce mode d'aliénation, qui prenait alors le nom de décret volontaire.

Mais le premier inconvénient subsistait dans toute sa gravité : d'ailleurs les décrets volontaires n'étaient point usités partout, et c'était une procédure longue et coûteuse.

La réforme était donc urgente, lorsque parut l'édit de 1771. Cet édit abrogea le décret volontaire, et y substitua la voie plus simple et plus économique des *lettres de ratification*.

Lorsqu'un immeuble était vendu, l'acquéreur, s'il voulait purger, devait déposer le contrat de vente au greffe du baillage. Un extrait de ce contrat était exposé pendant deux mois. Dès lors, tous ceux qui prétendaient avoir hypothèque et privilège sur l'immeuble vendu, devaient former opposition entre les mains du conservateur des hypothèques du domicile du propriétaire de cet immeuble. A l'expiration des deux mois, les lettres de ratification étaient présentées au sceau par le conservateur des hypothèques, qui déclarait sur le repli qu'il n'existait pas d'opposition ou qui y mentionnait celles qui s'étaient produites. Dans le premier cas, les lettres de ratification étaient scellées purement et simplement : dans le second, elles n'étaient scellées qu'à la charge des oppositions. Un ordre s'ouvrait alors sur le prix entre les créanciers. Mais dans l'une et l'autre hypothèse l'immeuble aliéné était purgé de toutes charges antérieures.

Si l'acquéreur était protégé par ce système, le prêteur ne l'était point. Car entre créanciers opposants, le droit de préférence était déterminé, non par la date des oppositions, mais par celle de l'acte constitutif de l'hypothèque et il dut arriver souvent que le prêteur vit s'évanouir le gage sur lequel il comptait par l'apparition de créanciers antérieurs dont il ne soupçonnait pas l'existence.

Les femmes n'avaient point de privilège spécial dans le système de cette ordonnance, et, comme tout créancier, elles étaient en cas d'aliénation, tenues de former opposition, pour conserver leurs droits. Cependant les acquéreurs n'étaient pas à l'abri des hypothèques légales des femmes pour leur douaire non ouvert.

Section V

Droit intermédiaire.

Nous n'insisterons pas sur la loi du 9 messidor an III, qui cinq fois prorogée ne fut jamais appliquée. Notons seulement qu'elle posa le principe de la publicité de l'hypothèque et qu'elle abolit toute hypothèque tacite. La femme n'avait donc de sûreté pour restitution de sa dot qu'autant qu'ayant fait un contrat elle avait stipulé une hypothèque de son futur époux.

La loi du II brumaire an VII nous retiendra plus longtemps. Conçue avec une remarquable unité, cette loi organisait la publicité d'une façon beaucoup plus large que le Code civil. Ce principe lui parut même si nécessaire que tout en octroyant aux femmes mariées une hypothèque légale, elle voulut que cette hypothèque ne pût produire d'effet qu'autant qu'elle serait inscrite, et seulement à la date de cette inscription. Elle chargeait d'ailleurs, lorsque les époux étaient mineurs, les père. mère ou tuteur, sous l'autorisation desquels le mariage avait été contracté, de prendre inscription au profit de la femme. A leur défaut, ce devoir incombait au subrogé-tuteur et, s'il n'y en avait pas, aux parents qui avaient concouru à la tutelle, à peine pour chacun d'eux de demeurer solidairement responsables de tout préjudice (art. 41).

Un autre principe, non moins important, celui de la spécialité est consacré par l'article 4 de la loi de Brumaire. Toute stipulation volontaire d'hypothèque doit indiquer la nature et la situation des immeubles hypothéqués. Quant aux hypothèques que les femmes ont le droit d'exercer, elles frappent au moment même de l'inscription sur tous les biens apppartenant à leur mari et situés dans l'arrondissement du bureau où se fait l'inscription. La femme peut aussi par des inscriptions ultérieures, mais sans préjudice de celles antérieures à la sienne, faire porter son hypothèque sur les biens qui pourraient échoir au mari ou qu'il acquerrait par la suite.

Les inscriptions conservent le rang hypothécaire pendant dix années. Mais leur effet cesse, si elles n'ont pas été renouvelées avant l'expiration de ce délai. Néanmoins l'inscription prise par la femme pour ses droits et conventions de mariage, déterminés ou éventuels, subsiste pendant la durée du mariage et une année après sa dissolution.

La loi de Brumaire n'eut pas une longue existence; en 1804, elle céda la place au titre XVIII du Code civil dont les dispositions sans cesse critiquées, ont aussi sans cesse résisté à toutes les attaques.

Section VI

Code civil.

La question capitale en matière d'hypothèque, celle que le législateur devait tout d'abord résoudre, était celle de savoir si l'on conserverait les grands principes de publicité et de spécialité posés par la loi de Brumaire. Le projet présenté par la Commission du gouvernement en l'an VIII, rétablissait à peu de choses près le système des hypothèques tel qu'il existait après l'édit de 1771. Les idées avaient bien changé depuis la loi de l'an III. Ce projet fut soumis aux tribunaux d'appels ; vingt-deux sur trente l'adoptèrent. Le tribunal de cassation, les tribunaux d'appel de Paris, Lyon, Bruxelles, Rouen, Caen, Douai, Grenoble et Montpellier se prononcèrent au contraire pour la conservation du régime hypothécaire de l'an VII.

Dans la section de législation, quatre membres votèrent pour la loi de brumaire, deux autres pour le projet, deux autres enfin s'abstinrent. Deux partis s'étaient donc formés et un rapport dans chaque sens vint ouvrir la discussion en conseil général. Les deux exposés furent faits en séance le 12 pluviôse an XII. Le rapporteur favorable au retour à l'ancienne législation était M. Bigot-Préameneu ; M. Réal devait défendre le système de la loi de l'an VII. Après ces deux rapports, la discussion s'engage : M. Treilhard et le consul Cambacérès soutiennent la loi de l'an VII ; M. Tronchet la combat. Alors se forme au sein du Conseil d'État un système conciliateur ; M. Portalis en est l'auteur. L'édit de 1771 est insuffisant, suivant lui ; il promet une sûreté qu'il ne donne pas ; car, en offrant le moyen de conserver les hypothèques, il n'avertit pas de celles qui existent au moment où l'on contracte. La publicité établie par la loi de brumaire est certainement préférable ; mais il ne faut pas l'ériger en principe absolu ; il ne faut pas l'étendre aux engagements qui naissent du mariage et de la tutelle. Il faut conserver le système de publicité de la loi de brumaire, mais y apporter exception pour les hypothèques légales de la femme et du mineur.

Le premier consul résumant en quelque sorte le débat précise les divers systèmes et les raisons qui militent en faveur de chacun d'eux, et conclut en faveur du système de conciliation de M. Portalis. MM. Treilhard et Jolibois prennent la parole, le premier pour démontrer les avantages de la publicité absolue ; le second, pour observer que vainement, on adoptera la publicité en principe, si l'on fait exception pour les biens des maris et des tuteurs, qui forment la moitié de la société. Mais le Conseil, entraîné par l'opinion du premier consul, admet et vote que toute hypothèque sera publique, que l'hypothèque conventionnelle sera spéciale ; « *que la sûreté de la femme et du mineur doit être préférée à celle des acquéreurs et des prêteurs.* »

C'est ainsi que fut posé le principe, et les dispositions du

Code civil ne sont qu'une application de cette idée fondamentale.

Nous n'avons pas l'intention d'exposer ici toute la matière de l'hypothèque légale, telle qu'elle est régie par le Code civil. Une pareille étude nous entraînerait trop loin. Disons vrai, elle serait au-dessus de nos humbles forces, et c'est assez pour nous d'envisager une partie de la question. Encore ne ferons-nous que l'effleurer.

Désormais donc, nous restreindrons nos explications à une situation particulière et nous nous bornerons à étudier l'hypothèque légale dans ses effets contre les tiers acquéreurs des immeubles du mari.

DROIT CIVIL

DE L'HYPOTHÈQUE LÉGALE

Envisagée dans ses effets contre les tiers acquéreurs

PRÉLIMINAIRES

On vous propose d'acquérir un immeuble. Il est fort à croire que cet immeuble est grevé d'une hypothèque légale, soit du chef de la femme de votre vendeur, soit du chef de la femme de l'un des précédents propriétaires. Cette hypothèque existe-t-elle encore? Frappe-t-elle l'immeuble que l'on vous propose d'acheter? Par quels procédés pourrez-vous vous mettre à l'abri de ses effets? Telles sont les questions qui vous intéressent au plus haut degré et que nous nous proposons d'exposer et de discuter.

Parmi les moyens que la loi met à la disposition de l'acquéreur pour le soustraire aux effets de l'hypothèque légale, le plus simple assurément et le moins coûteux consiste à obtenir la renonciation de la femme à sa sûreté hypothécaire.

Mais, comme nous le constatons plus loin, ce moyen n'est pas toujours possible, soit parce que le régime matrimonial adopté par les époux s'y oppose, soit parce que la femme ne veut point se dépouiller des sûretés que la loi lui a concédées pour la garantie de sa dot.

Que fera donc l'acquéreur? Par quels procédés, s'il ne peut se prévaloir d'une renonciation, débarrassera-t-il l'immeuble qu'il a acquis de ce droit réel, qui est une perpétuelle menace?

Pour répondre d'une façon précise à cette question, il faut se placer à l'instant où l'acte de vente a été transcrit. Nous savons en effet que depuis la loi du 23 mars 1855, les créanciers hypothécaires ne conservent leur droit sur l'immeuble qu'autant qu'ils ont pris inscription avant la transcription de l'acte d'aliénation. Il est vrai qu'en principe cette déchéance ne s'applique pas à la femme créancière de son mari, Car, aux termes de l'article 2135, son hypothèque existe indépendamment de toute inscription. Mais, depuis la loi du 23 mars 1855, la clandestinité de l'hypothèque légale de la femme a été singulièrement restreinte. L'article 8 porte en effet que « si la veuve, le mineur, l'interdit relevé de l'interdiction, leurs héritiers ou ayants-cause n'ont pas pris inscription dans l'année qui suit la dissolution du mariage ou la cessation de la tutelle, leur hypothèque ne date que du jour des inscriptions prises ultérieurement. » Lorsqu'une année s'est écoulée depuis la dissolution du mariage, la femme rentre donc dans le droit commun, et, à l'instar de tout créancier hypothécaire, elle perd son droit sur l'immeuble, si elle ne fait pas inscrire avant la transcription de l'acte d'aliénation.

Ajoutez que si pendant le mariage, l'hypothèque légale peut exister indépendamment de toute publicité, néanmoins dans l'intérêt des tiers, la loi a pris des mesures pour que cette hypothèque ne reste pas ignorée. Elle impose à certaines personnes l'obligation et accorde à d'autres la faculté d'en requérir l'inscription. Malheureusement, le vœu du législateur reste le plus souvent inaccompli.

Ces principes élémentaires rappelés, il est facile de comprendre que la situation de l'acquéreur sera différente, suivant que la femme aura ou non pris inscription et, dans le cas où elle aurait inscrit son hypothèque, suivant l'époque à laquelle elle aura procédé à cette inscription. Quatre hypothèses doivent être prévues.

I. — La femme a inscrit son hypothèque soit avant, soit après la dissolution du mariage, mais antérieurement à la transcription de l'acte d'aliénation.

L'acquéreur agira à l'égard de la femme, comme il le ferait à l'encontre de tout créancier hypothécaire, qui aurait utilement conservé son droit. Il procédera donc à la purge des hypothèques inscrites, conformément aux dispositions des articles 2183 et suivants du Code civil.

II. — L'aliénation intervient pendant le mariage ou dans l'année qui suit sa dissolution. La femme n'a pas fait inscrire son hypothèque légale au moment où l'acte de vente est transcrit.

L'acquéreur devra alors recourir à la purge des hypothèques occultes, telle qu'elle est organisée par les articles 2194 et suivants du Code civil.

III. — L'inscription a été prise une année après la dissolution du mariage et *postérieurement* à la transcription de l'acte de vente. Le droit de suite est perdu. L'acquéreur est en parfaite sécurité.

Mais ici se présente une difficulté particulière qui a été suscitée par la rédaction imparfaite de l'article 8 précité de la loi du 23 mars 1855. Le législateur, à ne consulter que le texte de cet article, prescrit à la veuve et aux héritiers de la veuve, de requérir inscription de leur hypothèque légale. Il n'impose pas la même nécessité aux héritiers de la femme morte dans le mariage. Doit-on dire, en interprétant strictement le texte, que ceux-ci ne sont pas soumis à la restriction apportée par l'article 8 de cette loi ? Doit-on dire par suite que si le mari aliène un de ses immeubles une année après la dissolution du mariage et que l'acquéreur fasse transcrire son titre avant qu'aucune inscription ait été prise, le droit de suite néanmoins ne sera pas perdu et que le dit acquéreur, bien loin d'être libéré de l'hypothèque légale, devra procéder à la purge des hypothèques occultes ?

Cette interprétation littérale nous paraît inadmissible.

L'intention du législateur a été de rétablir à la dissolution du mariage l'empire du droit commun. Il a voulu que l'exception cessât avec la cause qui l'avait fait naître, à savoir l'incapacité, l'état de mariage. Et les tribunaux n'ont pas hésité à adopter cette interprétation (1).

Mais si cette doctrine a été admise sans difficulté dans le cas où la femme morte dans le mariage laisse des héritiers majeurs et maîtres de leurs droits, une vive controverse s'est au contraire élevée, lorsque la femme laisse en mourant, comme héritiers, des mineurs ou des interdits. Dans ce cas, l'incapacité des héritiers doit-elle faire écarter l'application pure et simple de l'article 8 de la loi de 1855 et le point de départ du délai d'un an doit-il être retardé jusqu'à ce qu'ils soient relevés de leur incapacité ?

Supposons d'abord que ces héritiers ont pour tuteur une personne autre que le mari grevé de l'hypothèque légale. On admet généralement que les mineurs et interdits doivent inscrire dans l'année de la mort de la femme l'hypothèque légale appartenant à celle-ci (2).

La discussion est plus vive lorsque la femme laisse pour héritiers placés sous la tutelle de son mari, par exemple, ses propres enfants.

La pensée de l'article 8, dit M. Pont (n° 809), est que l'incapable a droit à la protection de la loi, il veut que cette protection soit assurée à l'incapable, tant qu'il en a

---

1. Toulouse, 2 janv, 1863 (S. 1863, 2, 191) ; Riom, 3 août 1863 (S. 1863, 2, 171).
2. Aix, 10 janv. 1861 (S. 1861, 2, 177).

besoin, et que seulement, dès qu'il y pourra suffire par lui-même, la loi cesse de le protéger... Or ici nous voyons succéder à l'état de dépendance dans lequel était la mère vis-à-vis du débiteur de la dot l'état d'incapacité de ceux qui désormais sont les créanciers de cette même dot : la protection de la loi continue donc d'être nécessaire, et l'hypothèque devra subsister indépendamment de toute inscription tant que cette incapacité subsistera elle-même (1).

Nous repoussons cette doctrine. Sans doute, le texte est mal rédigé et il faut sainement l'interpréter. Mais cette liberté d'interprétation ne peut aller jusqu'à introduire dans un texte une distinction qui n'y est pas. — D'ailleurs il serait trop contraire au but de la loi qu'un délai d'une année fût prolongé de vingt ans peut-être. Les courtes prescriptions, les délais de procédure, les délais nécessaires à l'accomplissement d'un acte ne comportent pas de suspension pour cause de minorité. — On nous oppose que l'intérêt du mineur est gravement compromis. Sans doute, mais supposez que le mineur ait succédé à un créancier de son tuteur et qu'il ait une hypothèque contre celui-ci. Il y a lieu de renouveler l'inscription. Le tuteur ne va-t-il pas se trouver entre son intérêt et son devoir? Evidemment oui. Cependant le délai ne sera pas prorogé et la seule garantie du mineur contre la négligence intéressée du tuteur, se trouvera dans l'hypothèque légale de la tutelle (2).

---

1. Riom, 3 août 1863 (J. P. 1863, p. 954); Trib. du Puy, 12 janv. 1865 (Dall., 65, 2, 26). — Troplong (n° 311).
2. Cass. 2 mai 1866 (Dall., 66, 1, 241) (S. P. 1866, p. 609 avec une note de

Nous arrivons donc à cette conclusion que lorsqu'une année s'est écoulée depuis la dissolution du mariage, l'hypothèque légale doit toujours être inscrite, et que si une aliénation suivie de transcription intervient, avant qu'elle l'ait été, l'acquéreur, est absolument libre et n'a plus à redouter les effets de cette hypothèque.

IV. — Le mari est venu à prédécéder. Ses héritiers acceptent sa succession *sous bénéfice d'inventaire*. La femme n'inscrit son hypothèque qu'une année après la dissolution du mariage, mais cependant *avant* la transcription du jugement d'adjudication. Le droit de suite est encore perdu. En effet l'article 2146 Code civil déclare sans effet entre les créanciers d'une succession bénéficiaire, l'inscription prise par l'un d'eux depuis l'ouverture de cette succession. En combinant cet article avec la décision de l'article 8 de la loi de 1855, on arrive dans l'hypothèse donnée à cette double conclusion : 1° la femme peut s'inscrire utilement dans l'année qui suit la dissolution du mariage ; 2° elle ne le peut plus, dès que cette année est écoulée. Car dès lors son hypothèque n'a plus que le rang et l'effet qui résultent du droit commun et par suite elle est soumise à l'application de l'article 2146 (1).

La même décision doit être admise lorsque la succession du mari est vacante, ou lorsque celui-ci est tombé en faillite

---

M. Labbé). Aubry et Rau, III, p. 305, note 19. Voir aussi les nombreux arrêts cités par Pont, p. 227, note 1.

1. Orléans, 26 août 1869 (P. 70, 466).

avant sa mort (1). Car, s'il y avait eu faillite du mari, sans dissolution du mariage, la femme ne serait pas tenue de faire inscrire son hypothèque légale, ni avant, ni après le jugement déclaratif de faillite. L'article 448, Com. ne lui est pas applicable (2).

Ainsi donc, et pour nous résumer, des quatre hypothèses que nous venons d'examiner, il en est deux, les deux dernières, dans lesquelles la femme encourt une complète déchéance. L'acquéreur n'a donc à se préoccuper de l'existence de l'hypothèque légale qu'autant qu'on se trouve dans les deux premières situations.

Ces notions générales rappelées, il devient facile d'indiquer la marche que nous allons suivre dans l'exposition de notre sujet. Tout individu qui veut acquérir un immeuble appartenant à un mari a deux questions à se poser.

Cet immeuble est-il frappé d'hypothèque légale ?

Si oui, que doit-il faire ?

Le chapitre I répondra à la première question. Nous examinerons dans quels cas un immeuble est grevé de l'hypothèque légale, et, par suite, dans quels cas l'acquéreur doit obtenir une renonciation ou purger.

Les chapitres suivants seront consacrés à l'étude des moyens donnés à l'acquéreur pour se soustraire aux effets de l'hypothèque légale. C'est ainsi que nous traiterons dans le chapitre II des renonciations consenties par la femme au profit d'un acquéreur d'un bien du mari.

1, Caen, 27 janv. 1870. — S. 70, 2, 331. — Cass. 68, 1, 377).
2. Colmar, 15 janvier 1862 (S. 62, 2, 122).

Dans le chapitre III, nous devrions traiter à la fois de la purge des hypothèques inscrites et de la purge des hypothèques occultes. Nous ne parlerons cependant que de cette dernière, car la purge des hypothèques inscrites ne présente rien de spécial à notre sujet. Lorsque la femme a cru devoir prendre inscription, sa situation est celle de tout créancier hypothécaire et la position de l'acquéreur ne diffère point de celle d'un tiers détenteur ordinaire.

Enfin, il est certaines aliénations qui, entourées d'une grande publicité et se consommant sous l'œil vigilant de la justice, ont la propriété de purger par elles-mêmes les hypothèques inscrites ou occultes. Elles feront l'objet du chapitre IV.

CHAPITRE I

Si l'immeuble que le mari veut aliéner, lui appartient
en propre, il ne saurait y avoir de difficultés. L'hypothèque
légale de la femme le frappe et l'acquéreur devra aviser
aux moyens de s'y soustraire. Aux termes en effet de
l'article 2122, Code civil, le créancier qui a une hypothèque légale peut exercer son droit sur tous les immeubles
appartenant à son débiteur et sur ceux qui pourraient lui
appartenir par la suite, sous les modifications qui sont
indiquées dans les articles 2140 et 2144.

Ces modifications ont trait aux restrictions que les parties majeures peuvent soit dans leur contrat de mariage,
soit même après l'accomplissement de certaines formalités,
pendant le mariage, faire subir à l'hypothèque légale qui
désormais ne frappera plus qu'une partie des biens du
mari. Si donc celui-ci justifie par la présentation de son
contrat de mariage ou d'un jugement, que la femme s'est
valablement engagée à ne pas prendre inscription sur l'im-

meuble qu'il vend, l'acquéreur n'aura nul besoin de recourir à une renonciation ou à la purge.

Si l'immeuble vendu par le mari avait été acquis par lui postérieurement à la dissolution du mariage, quelques auteurs ont soutenu qu'il ne serait point grevé de l'hypothèque légale de la femme. Ils argumentent de la rédaction de l'article 2121 qui ne parle textuellement que des biens du *mari*. Or, disent-ils, la femme venant à mourir, il n'y a plus de mari et par suite les immeubles postérieurement acquis n'ont, en réalité, jamais appartenu à une personne revêtue de la qualité déterminée par la loi. On peut ajouter encore, en faveur de ce système, que l'hypothèque légale existe à raison de la position particulière où se trouve le débiteur vis-à-vis du créancier et que, lorsque cette position est changée, il n'y a plus de motif pour que l'hypothèque s'établisse sur les biens postérieurement acquis par le débiteur.

L'opinion contraire nous paraît indiscutable. En effet l'argument que l'on tire de l'expression *mari* employée par l'article 2121 n'a point de valeur, si l'on réfléchit que la terminologie du Code est bien loin d'être d'une scrupuleuse exactitude. Le mot *mari* indique dans la langue du monde et de la pratique non-seulement celui qui est actuellement engagé dans les liens du mariage, mais encore celui qui a été marié et dont l'union est dissoute. D'ailleurs, aux termes de l'article 2122, le créancier investi d'une hypothèque légale exerce son droit sur tous les immeubles appartenant à son débiteur et sur ceux qui *pourront lui appartenir* dans la suite. La loi ne fait aucune distinction. Elle ne recherche pas si les acquisitions nouvelles ont ou non précédé la perte de la qualité dont l'existence avait donné lieu à l'hypothèque (1).

Ainsi donc, les immeubles du mari sont toujours grevés de l'hypothèque légale et il n'y a pas à distinguer s'ils ont été acquis pendant le mariage ou après sa dissolution. Par suite l'acquéreur devra toujours obtenir une renonciation ou procéder à la purge.

Doit-on admettre la même solution, si l'immeuble aliéné par le mari est un conquêt de communauté? L'hypothèque légale frappe-t-elle cet immeuble ? De la solution de cette question dépend la conduite que devra tenir l'acquéreur.

Or, cette question a soulevé de graves difficultés. Et l'on comprend la controverse qu'elle a fait naître lorsqu'on se place en présence des textes qui établissent l'hypothèque légale de la femme mariée. L'article 2121 porte en effet que « les droits et créances auxquels l'hypothèque légale est attribuée sont ceux des femmes mariées sur les biens de leurs *maris*. » L'article 2135 ajoute : « L'hypothèque existe indépendamment de toute inscription, au profit des femmes, sur les immeubles de leurs *maris*. » Ces expressions doivent-elles s'entendre des biens de la communauté comme des propres du mari? Ne résistent-elles pas au contraire à toute extension ? Ne faut-il pas au moins attendre

1. Req. arg. 17 juill. 1844 (Dev. 44, 1, 641).

pour se prononcer, la dissolution de la communauté, et subordonner l'existence de l'hypothèque légale sur les biens de la communauté, soit à l'option de la femme entre l'acceptation et la répudiation, soit peut-être aux résultats du partage ; en un mot, comment l'hypothèque légale se combine-t-elle avec les principes qui régissent le partage et la liquidation, et notamment avec la rétroactivité de l'article 883 C. civ.? Comme le font pressentir ces trois interrogations, trois systèmes se sont produits.

Mais, avant d'aborder la discussion, qu'il nous soit permis de rappeler que déjà, dans l'ancien droit, la question était controversée, et, autant que nous pouvons en juger, nos anciens auteurs étaient loin d'être d'accord. Plusieurs d'entre eux ne reconnaissent l'existence de l'hypothèque de la femme au préjudice des tiers qu'autant qu'elle a renoncé à la communauté. C'est l'avis de Renusson (*communauté,* part. 2, ch. 3, n° 47) et de Lebrun (*communauté*, p. 502). « Si le mari est maître de la communauté, dit ce dernier, c'est pour vendre et acquérir à son gré : mais cela ne fait pas que, quand il achète des immeubles, l'hypothèque des conventions de sa femme n'ait lieu sur ses conquêts, et qu'elle ne persévère après la vente. Que si la femme a un droit habituel en la communauté pendant l'acquisition et la vente, ce droit, quand une fois elle renonce à la communauté, ne l'engage pas à garantir l'acquéreur, au contrat duquel elle n'a point parlé, et par conséquent ne l'empêche pas d'exercer ses hypothèques sur les héritages qu'il a acquis après qu'elle a une fois renoncé à la communauté : car sa renonciation efface toute impression de ce droit habituel. »

D'autres auteurs au contraire ne distinguaient point entre le cas d'acceptation et celui de renonciation et disaient en termes généraux que l'hypothèque de la femme s'exerce sur les conquêts de communauté comme sur les propres. « Le mary par son contrat de mariage, dit Bacquet (*droits de justice* ch. XV, n° 42), ayant obligé tous et chacuns de ses biens, présents et advenir, au payement et satisfaction du douaire et conventions matrimoniales de sa femme, il ne peut aliéner les conquests, non plus que les propres et acquêsts, *sans le droit d'hypothèque créé à la femme*, dès l'instant que lesdits conquêsts ont esté faits et qu'ils ont esté entre les biens de son mary. Autrement la femme serait de pire condition que les autres créanciers hypothéquaires. » Tel est également l'avis de Bourjon (*Droit commun de la France*, t. 1ᵉʳ, p. 671), de Duplessis (*traité de la communauté*, liv. 1ᵉʳ, sect. 1, p. 402 et 403) et de Pothier (*Tr. de la communauté*, n° 757).

Maintenant que nous connaissons l'état de la discussion dans l'ancien droit, nous pouvons aborder la question, telle qu'elle se pose d'après les termes et les principes de notre Code.

Premier système. — Les immeubles de la communauté sont grevés de l'hypothèque légale de la femme au même titre que les immeubles du mari.

Créancière elle-même, dit M. Pont (n° 521 et suiv.), lorsqu'elle est en lutte avec les autres créanciers hypothécaires du mari, la femme doit avoir aussi le bénéfice de son hypothèque, pour n'être pas de pire condition que ceux-ci (Becquet, déjà cité)..... Quand les conquêts de communauté sont obligés à tous les créanciers du mari, quand ils reçoivent l'empreinte de toutes les hypothèques résultant soit de la convention, soit des jugements, seule l'hypothèque légale de la femme, celle qui précisément est établie par une faveur de la loi ne s'y rattacherait pas! Et puis, il se peut que tous les immeubles qui sont entre les mains du mari aient été acquis pendant la durée de la société conjugale, ou bien que le mari ait fait passer toute sa fortune personnelle dans les immeubles qu'il a ainsi achetés après s'être marié, ou même que tous les immeubles aient été acquis avec les deniers dotaux de la femme. L'hypothèque légale sera donc stérile dans tous ces cas ! »

La femme a donc hypothèque sur les conquêts de la communauté, soit qu'elle renonce, soit même qu'elle accepte. « Sans doute, dit encore M. Pont, la femme qui accepte la communauté est propriétaire pour partie des biens qui composent cette communauté ; mais elle est en même temps créancière de ses reprises. Sa position, sous ce rapport, est analogue à celle de l'héritier bénéficiaire, créancier lui-même de la succession..... Celui-ci n'est tenu du paiement des dettes que jusqu'à concurrence de la valeur des biens qu'il a recueillis. Ainsi en est-il de la femme commune en biens. C'est le vœu de l'article 1483, Code civil. Donc, à l'égal de l'héritier bénéficiaire qui conserve le droit de réclamer ses créances contre la succession, la femme conserve le droit de réclamer les siennes contre la communauté, sans quoi il se trouverait qu'elle serait tenue non-seulement jusqu'à concurrence de son émolument, mais encore dans la mesure de cet émolument, augmenté du montant de sa propre créance, qu'elle perdrait, ne pouvant la réclamer contre la communauté. »

Les conséquences qui découlent de ce système sont les suivantes : 1° si un immeuble de communauté est aliéné par le mari durant la communauté ou après son attribution au mari dans le partage qui a suivi la dissolution de cette communauté, la femme aura contre l'acquéreur le droit de suite attaché à toute créance hypothécaire ; 2° dans l'ordre ouvert, soit après une vente forcée, soit après une vente volontaire, la femme aura un droit de préférence contre tout créancier chirographaire ou contre tout créancier hypothécaire primé par l'hypothèque légale à raison du rang que lui donne l'article 2135, Code civil ; 3° le même droit de préférence appartiendra à la femme, encore qu'il s'agisse d'un immeuble à elle attribué, lors de la liquidation de ses droits, si elle a cédé à des tiers le bénéfice de son hypothèque ou si elle se trouve évincée sur les poursuites hypothécaires des créances de la communauté, l'éviction faisant cesser la confusion qui avait éteint momentanément l'hypothèque légale.

Deuxième système. — Les immeubles de la communauté sont affranchis de l'hypothèque légale de la femme. J'emprunte les paroles mêmes de M. Valette, qui a adopté ce système dans son traité des hypothèques, page 259 :

« Sans doute, dit-il, après la renonciation de la femme, son droit de copropriété se trouve résolu au profit du mari, celui-ci reste maitre de tous les biens, et, par une corrélation nécessaire, tenu au paiement intégral des dettes qu'il a contractées comme chef de la communauté. Mais cela n'empêche nullement qu'il n'y ait eu communauté et, qu'en fait, le mari n'ait reçu le pouvoir de disposer sans contrôle des biens communs, pourvu que ce fût à titre onéreux. Or, un tel pouvoir est incompatible avec l'existence de l'hypothèque légale sur les mêmes biens. Rien n'est plus étrange que de subordonner les effets des actes du mari au parti que prendra la femme, peut-être après de longues années de mariage, sur l'acceptation ou la répudiation de la communauté. »

La femme n'aura donc contre les tiers acquéreurs aucun droit de suite et contre les créanciers hypothécaires aucun droit de préférence. Et il en sera ainsi même à l'égard des biens que la renonciation de la femme ou qu'un partage de la communauté acceptée ferait entrer dans le domaine du mari (1). Si l'on poussait ce système à ses dernières conséquences, on devrait admettre que la femme réduite au regard des acquéreurs et des créanciers hypothécaires au simple rôle de créancière chirographaire, n'a pas d'autre situation vis-à-vis des créanciers chirographaires, que, par suite, elle est obligée de souffrir leur concours sur les immeubles comme sur les valeurs mobilières de la communauté. Mar-

---

1. Delvincourt, t. 3, note 6 sur la page 165 ; Persil quest. p. 233 ; Lebrun, dr. des femmes, n° 128.

cadé, tout en ne déniant avec le troisième système, une hypothèque légale à la femme que lorsqu'elle a accepté la communauté, la lui refuse en effet même contre les créanciers chirographaires. Mais généralement on ne va pas jusque là.

Troisième système. — Les conquêts de communauté ne sont grevés de l'hypothèque légale de la femme que conditionnellement, **c'est-à-dire** lorsqu'ils doivent être réputés biens du mari dans le sens des articles 2121 et 2135, Code civil par l'effet de la renonciation de la femme à la communauté. — Ce troisième système est celui qui a prévalu et dans la jurisprudence et dans la doctrine. C'est aussi celui que nous adoptons. Les deux systèmes précédents sont trop absolus. Le premier assimile complètement les biens du mari et les biens de communauté, en ce qui concerne l'hypothèque légale. Le second sépare complètement la communauté du patrimoine du mari, seul assujetti à l'hypothèque, par une ligne de démarcation infranchissable pour en conclure que cette hypothèque n'est jamais susceptible de l'atteindre.

A notre avis, le point de savoir si la femme est fondée à invoquer la faveur de droit hypothécaire sur les immeubles que la loi a laissés, dans un intérêt commun, au pouvoir de libre administration et de disposition du mari, est subordonné à l'appréciation que fera la femme de l'exercice de ce pouvoir. La femme a la faculté ou de se soumettre aux résultats de cette gestion en acceptant ou de s'y soustraire en renonçant.

Accepte-t-elle? elle ratifie toutes les opérations de son mari. « Quand le mari aliène ou hypothèque des conquêts de communauté, dit **M. Troplong**, il fait ces actes tant pour lui que pour sa femme ; il représente sa femme qui est partie dans la communauté et l'acceptation de la femme est une approbation donnée à le vente ou à l'hypothèque. »

La femme renonce-t-elle? Alors plus de ratification. La femme redevient créancière, armée de toutes ses prérogatives.

L'hypothèque légale sur les conquêts a donc un caractère conditionnel. Elle les frappe ou ne les frappe pas, selon que la répudiation de la communauté les aura transformés en biens réputés *ab initio*, biens du mari, ou que l'acceptation de la communauté les aura maintenus sous un régime exclusif de cette qualification, et, par suite, de l'application des articles 2121 et 2135 Code civil. Le principe posé, suivons les applications.

1° *Durant la communauté*. — L'hypothèque légale existe à l'état conditionnel sur les conquêts, puisqu'il est possible qu'elle soit invoquée au cas de renonciation ultérieure de la femme. Si donc l'un des conquêts est vendu volontairement ou sur expropriation forcée, la femme pourra se présenter à l'ordre ouvert et réclamer une collocation éventuelle (1).

2° *Après la dissolution de la communauté*. — La femme est libre de prendre parti. Si elle renonce, elle a son droit de suite contre les tiers acquéreurs des immeubles de la

1. Bastia, 25 janv. 1862 (D. P. 68, 2, 147). — Contrà, Metz, 31 déc. 1867 (Dall., P. 68, 2, 145).

communauté, même antérieurs à la dissolution de cette communauté. Elle a son droit de préférence contre les créanciers que prime son hypothèque légale. Enfin les collocations conditionnelles qu'elle a pu obtenir deviennent définitives.

Si elle accepte, les conquêts aliénés ou vendus sur saisie durant la communauté et le prix de ces conquêts échappent à son hypothèque. Elle ne reçoit les conquêts qui lui sont attribués par partage que sous la charge des affectations hypothécaires du mari. Elle ne sera préservée que du concours des créanciers chirographaires.

Ne faut-il même pas aller plus loin? Ne faut-il pas appliquer l'exonération de l'hypothèque légale aux conquêts placés par le partage dans le lot du mari? On a soutenu la négative, en disant que les immeubles échus au mari dans le partage de la communauté deviennent immeubles du mari aussi bien que ceux que ce dernier conserverait par l'effet d'une renonciation. Nous pensons qu'admettre cette solution serait oublier notre point de départ. Si la femme acceptante n'a pas d'hypothèque légale sur les conquêts, c'est parce qu'il ne lui est pas permis de s'en prévaloir contre des actes accomplis dans une gestion qu'elle a ratifiée. Or cette raison est commune à tous les conquêts, qu'ils deviennent la propriété de la femme ou celle du mari.

Il est possible que, contre son intérêt évident, la femme accepte, afin de faire tomber des subrogations qu'elle aurait consenties dans son hypothèque. Ces subrogations subiront le sort de l'hypothèque (*Civ. rej.* 1er août 1848. D. P.

48, 1, 189; Colmar, 1, mars 1855. D. P. 57, 2, 37).
Mais les créanciers subrogés seront fondés à exercer les
droits hypothécaires de la femme, comme s'il y avait eu
renonciation, et, en vertu de l'article 1167 Code civil *(civ.
rej.* 4 fév. 1856, D. P. 56, 1. 61).

Nous ne terminerons pas cette importante question sans
relater une application assez curieuse des principes que
nous venons de poser. Si à la suite de la déclaration
d'absence de la femme, le mari a opté pour la continuation
de la communauté, les héritiers présomptifs de la femme
ont le droit de faire inscrire son hypothèque sur les conquêts
vendus par le mari (Bordeaux, 28 juin 1870. Dall., 70,
2, 99).

Ainsi, et pour nous résumer, l'hypothèque légale frappe
les propres du mari, ainsi que les biens qu'il a acquis après
la dissolution du mariage ; elle grève conditionnellement
pendant le mariage les biens de communauté et les atteint
définitivement après la dissolution, si la femme renonce à
la communauté.

Tels sont les cas où l'acquéreur devra obtenir une renonciation ou procéder à la purge. Mais, pour satisfaire à
certaines circonstances, le législateur a dû en plusieurs
hypothèses, tantôt étendre, tantôt restreindre les principes
que nous venons de poser. Les étendre ! Les articles 952
et 1054 vont nous en fournir un exemple. Lors en effet
que le mari est propriétaire sous condition, l'hypothèque
légale de la femme est soumise à la même condition. Le
droit du mari disparaissant, celui de la femme disparaît

également. Voilà le droit commun, mais il est deux cas où l'hypothèque survit à la propriété du mari.

Le premier nous est indiqué par l'article 952. Le droit de retour stipulé par le donateur est une condition résolutoire. Néanmoins quand la condition s'accomplit, l'hypothèque de la dot et des conventions matrimoniales subsiste, pourvu que la donation ait été faite par le contrat de mariage. Toutefois l'hypothèque ne peut être exercée contre le donateur que si les autres biens de l'époux donataire ne suffisent pas pour garantir les reprises de la femme. J'ajoute que de l'avis général l'article 952 ne s'applique pas au cas d'institution contractuelle, lorsqu'elle devient caduque par le prédécès du donataire. Même solution doit être admise, en cas de donation cumulative de biens présents et à venir.

La seconde exception se trouve indiquée dans l'article 1054. Lorsqu'une substitution s'ouvre en faveur des appelés, les droits consentis par le grevé sont résolus ; toutefois la femme du grevé conserve une hypothèque subsidiaire sur les biens à rendre en cas d'insuffisance des biens libres. Cette dérogation, déjà indiquée par l'ordonnance de 1747, a été singulièrement restreinte par le Code civil. L'hypothèque légale n'est plus donnée que pour le capital des deniers dotaux et encore faut-il que le testateur l'ait ainsi ordonné.

A côté de ces dispositions qui permettent à la femme d'exercer son hypothèque sur des immeubles que, d'après le droit commun, elle ne devrait pas atteindre, nous en trouvons une autre qui au contraire restreint le gage hypothécaire de la femme. Je veux parler de la disposition de l'article 563. C. com. Supposant que le mari était commerçant au moment de la célébration du mariage, ou que n'ayant pas alors d'autre profession déterminée, il l'est devenu dans la suite, cet article décide qu'en cas de faillite, tous les immeubles qui lui appartiendraient à l'époque de la célébration du mariage ou qui lui seraient advenus depuis, soit par succession, soit par donation entre-vifs ou testamentaire, seront seuls soumis à l'hypothèque de la femme.

On soustrait donc à l'effet de cette hypothèque tous les immeubles qui ont été acquis à titre onéreux depuis la célébration du mariage, parce qu'il y a tout lieu de croire qu'ils ont été achetés par le mari avec les deniers de ses créanciers dans l'intention d'en faire absorber la valeur par l'hypothèque de sa femme.

Cette disposition du Code de commerce a donné lieu à diverses difficultés. Si le mari a fait des constructions sur un immeuble qu'il possédait en se mariant ou qu'il a acquis depuis par succession ou donation, l'hypothèque légale s'étend-elle à ces constructions ? Pour soutenir l'affirmative, on invoque l'article 2133, d'après lequel l'hypothèque conférée soit par la loi, soit par la convention, sur un immeuble, s'étend aux *améliorations* que cet immeuble peut recevoir, soit naturellement, soit par incorporation. En faveur de la négative, on peut dire qu'il faut s'en rapporter à l'esprit qui a dicté l'article 563 du Code de commerce, le législateur a voulu soustraire aux effets de l'hypothèque tous les biens acquis à titre onéreux depuis la célébration du mariage. Or, il est évident que la plus-value donnée à l'immeuble par les constructions qui ont été faites est pour le mari une acquisition à titre onéreux.

La cour de Rouen a, le 29 décembre 1855, suivi le premier système, dans une espèce où un commerçant, tombé ultérieurement en faillite, avait fait des constructions sur un terrain nu qu'il possédait au jour du mariage. Elle motiva sa décision sur ce que l'article 563, Code Comm. qui restreint l'hypothèque de la femme aux immeubles présents du mari, lors de la célébration du mariage, et à ceux qui lui adviendraient par la suite à titre gratuit, « ne s'étant pas suffisament expliqué sur le point de savoir s'il n'entendait parler que de l'état dans lequel ces immeubles se trouvaient alors, sans égard aux améliorations, qu'ils pourraient ultérieurement recevoir » ; il semblait que l'on dût dans l'incertitude appliquer le droit commun, écrit à l'article 2133, Code civil. Cet arrêt a été vivement critiqué. Il est évident que les motifs qui ont dicté l'article 2133 ne se rencontrent plus ici. En effet, si ce texte étend l'hypothèque aux améliorations et particulièrement aux constructions, puisque cela est admis en jurisprudence, c'est que chaque débiteur a le droit d'augmenter, si bon lui semble, le gage de son créancier, le droit d'améliorer la position de celui-ci, même aux dépens des créanciers chirographaires. Mais, en matière commerciale, ce motif n'existe plus ; le mari ne saurait, sans violer la loi, procurer à la femme une hypothèque plus étendue que celle que le législateur a jugé sage de lui accorder ; il ne saurait faire indirectement ce qu'il ne peut faire directement, et dès lors il était inutile que l'article 563 du Code de commerce entrât dans des détails d'application ; il suffisait qu'il eût posé le principe pour qu'il ne fallût pas s'en écarter (1).

Une autre difficulté est née de la nécessité de concilier l'article 563 C. Com. avec la fiction de l'article 883 C. Civ., suivant laquelle tout copartageant est censé avoir été seul propriétaire *ab initio* de l'immeuble à lui advenu par licitation ou partage. Cette fiction est-elle applicable, lorsque la femme d'un commerçant failli vient réclamer son hypothèque légale sur les portions ainsi acquises par son mari dans un immeuble dont il possédait une part indivise lors de son mariage ? La Cour de Paris consultée sur cette question a hésité à appliquer l'article 883, en présence des dispositions de l'article 563 C. Com. « qui ne soumettent à l'hypothèque légale de la femme que les immeubles existant en réalité matériellement dans les mains du mari, afin de l'empêcher d'acquérir par une voie quelconque, en prévision de sa faillite, avec les fonds de son commerce et au préjudice de ses créanciers, des immeubles sur lesquels la femme pourrait faire valoir sa garantie. » A ceci l'on peut répondre qu'il n'est plus exact depuis 1838 de dire que l'hypothèque qui compète à la femme d'un commerçant failli ne grève que les immeubles existant en réalité ma-

---

1. Rodière, V. p. 57, 1, p. 585 ; Pont, n° 535.

tériellement dans les mains de son futur époux lors de la célébration, puisque les biens immobiliers provenant de successions échues ou de donations faites au mari durant le mariage se trouvent, en faveur de la femme, frappés de la garantie légale de l'article 2121, comme nous l'apprend l'article 563 lui-même. L'argumentation de la Cour de Paris juridiquement vraie, si nous nous trouvions encore sous l'empire du Code de 1807, ne l'est plus aujourd'hui que l'on a considéré comme exagérées et exorbitantes les règles sévères de l'ancienne loi, et que l'on a cru équitable de les adoucir. Aussi, à mon sens, la Cour de Limoges a-t-elle bien jugé, lorsque, le 14 mai 1853 dans une question analogue, elle affirma que la femme d'un failli a hypothèque légale sur la *totalité* des immeubles acquis à son mari par suite d'un partage, alors même que, pour une partie de ces immeubles, le négociant aurait dû payer une soulte à ses copartageants.

Pour décider ainsi, la Cour de Limoges fit valoir que le législateur en étendant dans l'article 563 nouveau, l'hypothèque des femmes aux immeubles advenus au failli durant le mariage par donation ou succession n'avait apporté aucune dérogation aux principes du droit commun et particulièrement à la règle de l'article 883 sur les effets déclaratifs du partage. Et en cela elle eut raison ; car, si l'on se reporte aux travaux préparatoires de la loi de 1838, l'on se convaincra facilement que l'article 563 a été voté dans le sens que j'indique. M. Moreau (de la Meurthe) ayant contre la règle ancienne, présenté un amendement qui appliquait aux immeubles advenus au mari *par succession* l'extension de l'hypothèque légale, **M.** Renouard lui répondit que, bien qu'il y eût un certain motif de justice au fond de cet amendement, il ne pouvait pas être pris en considération « parce que l'on doit, disait-il, prévoir le cas *où le mari se ferait attribuer sa part héréditaire en immeubles au lieu de la recevoir en argent* et que de cette manière, la femme trouverait, par son hypothèque sur les immeubles, un avantage qui n'existerait pas pour elle, si son mari avait pris sa part en argent. » **M.** Renouard prévoyait donc parfaitement les conséquences de l'amendement et s'appuyait sur ces conséquences mêmes pour le faire rejeter ; mais **M.** Moreau ayant invoqué contre **M.** Renouard l'article 882 Code civil qui permet aux créanciers d'un copartageant d'intervenir au partage pour éviter qu'il ne soit fait en fraude de leurs droits, l'amendement fut adopté. On a donc admis que la fiction de l'article 883 Code civil doit s'appliquer au cas qui nous occupe (1).

1. Metz, 14 nov. 1867 (Sir. 68, 2. 270) ; Cass. 9 nov. 1869, Droit, 11 nov. 1869. — Demangeat sur Bravard, n° 563 ; contra, — Caen, 2 mai 1865 (Sir. 65, 2, 261). — Demol. 15, n° 325.

CHAPITRE II

RENONCIATIONS CONSENTIES PAR LA FEMME A SON HYPOTHÈQUE
AU PROFIT D'UN TIERS ACQUÉREUR

Le moyen le plus simple, le plus rapide et le moins dispendieux que puisse employer un acquéreur pour se soustraire aux effets de l'hypothèque légale est assurément d'obtenir la renonciation de la femme de son vendeur à sa
sûreté hypothécaire. Aussi ce moyen est-il d'un usage fré-
quent dans la pratique. Cependant le législateur parut longtemps l'ignorer. Peut-être même est-il permis de croire
qu'il ne l'a jamais prévu. Le décret du 28 février 1852
sur le Crédit Foncier et la loi du 23 mars 1855, article 9,
parlent il est vrai de renonciation. Mais, lors de la discussion de cette dernière loi, tous les orateurs qui prirent la
parole sur la question supposèrent toujours une renonciation consentie par la femme, au profit d'un créancier;
jamais ils n'indiquèrent l'hypothèse d'une renonciation au
profit d'un acquéreur. De là de nombreuses incertitudes
et des controverses sans cesse renaissantes.

Je transcris l'article 9 de la loi précitée : « Dans le cas

où les femmes peuvent céder leur hypothèque légale ou y renoncer, cette cession ou cette renonciation doit être faite par acte authentique, et les cessionnaires n'en sont saisis à l'égard des tiers que par l'inscription de cette hypothèque prise à leur profit ou par la mention de la subrogation en marge de l'inscription préexistante. Les dates des inscriptions ou mentions déterminent l'ordre dans lequel ceux qui ont obtenu des cessions ou renonciations exercent les droits hypothécaires de la femme. »

Les premiers mots de ce texte nous indiquent déjà que cette convention n'est pas toujours possible. Et en effet, la femme mariée sous le régime dotal ne peut aliéner sa dot immobilière, ni même, aux termes d'une jurisprudence constante, sa dot mobilière. Voudrait-on du reste admettre que la dot mobilière est aliénable, la femme ne pourrait encore, dans l'opinion de certains auteurs, consentir une subrogation à son hypothèque légale. Car cette hypothèque, à leur avis, est un droit immobilier et l'article 1554 Code civil prohibe l'aliénation ou l'hypothèque des immeubles dotaux.

Si, quoique mariée sous le régime de la communauté, la femme avait stipulé que plusieurs de ses immeubles seraient dotaux, on devrait également décider qu'elle ne peut consentir de renonciation à son hypothèque légale, en tant que cette hypothèque garantirait des reprises qui seraient comprises dans la constitution dotale.

Si la femme s'est réservée la faculté d'aliéner ses biens dotaux, de les hypothéquer, de les échanger, devrons-nous, en présence de réserves si étendues, reconnaître que la femme a pu céder son hypothèque légale ou y renoncer en faveur d'un tiers. La jurisprudence est fort divisée à cet égard, et la Cour de cassation, si nous jugeons sa doctrine par deux arrêts qui de prime abord semblent contradictoires, paraît en faire une question d'interprétation du contrat de mariage des époux. Quant à nous, nous pensons qu'une clause aussi générale dans ses termes implique une dérogation absolue au principe de l'inaliénabilité et que par suite la femme doit pouvoir consentir la subrogation.

Nous n'avons à nous occuper ici que des renonciations consenties par la femme au profit d'un acquéreur d'un bien du mari. Mais les explications que nous avons à donner à cet égard, étant assez longues, nous les présenterons sous deux sections différentes.

Section I. — Étendue et caractère de la renonciation au profit d'un acquéreur.

Section II. — Conditions de forme.

Section I

De l'étendue et du caractère de la renonciation.

Lorsque la femme subroge un acquéreur à son hypothèque légale, la convention intervient presque toujours sous la forme d'une renonciation, rarement sous celle d'une cession et cela se conçoit à merveille. L'acquéreur n'a pas besoin en général, comme un créancier, d'être mis au lieu et place de la femme. Il ne s'agit pas pour lui d'exercer à l'encontre d'autres créanciers du mari le droit de préférence à cette hypothèque. Il lui suffit de purger l'immeuble qu'il acquiert de l'hypothèque légale et d'obtenir une propriété paisible et incommutable. Or la cession va au-delà de cet objet. La renonciation suffit.

C'est donc par la forme de la renonciation que l'on procède habituellement. Mais la convention peut se produire sous divers aspects ainsi :

1° La femme peut renoncer purement et simplement à son droit hypothécaire, ou encore, si l'hypothèque, a été inscrite, bien qu'en principe elle soit dispensée d'inscription, elle donne mainlevée avec désistement de son droit. La convention est alors expresse.

2° Elle garantit solidairement la vente faite par son mari. Par là même elle renonce tacitement à son hypothèque au profit de l'acquéreur, et, si néanmoins elle voulait s'en prévaloir, elle serait repoussée par application de la règle *quem de evictione tenet actio eumdem agentem repellit exceptio*.

3° La femme intervient à l'acte de vente et déclare simplement y donner son consentement ou y appose sa signature. Il est hors de doute que par là même elle renonce tacitement à son hypothèque en faveur de l'acquéreur, son intervention ne comporte aucune autre explication.

Toutefois s'il était établi que le consentement qu'elle a

donné à l'acte passé par son mari ou que la signature qu'elle y a apposée s'expliquent par des considérations particulières, la présomption de renonciation devrait alors être écartée.

La Cour de cassation (1) a eu l'occasion d'appliquer ce principe dans une espèce où les époux avaient fait dans leur contrat de mariage donation d'une partie de leurs biens présents et à venir à celui des enfants mâles à naître de leur union qu'il leur plairait de choisir. On voulait induire de là une renonciation de la femme à son hypothèque légale. Cette prétention fut très justement rejetée. L'acte auquel la femme avait concouru était son propre contrat de mariage ; sa présence y était nécessaire, et se justifiait, ainsi que le dit très bien notre arrêt, bien plutôt par le besoin où elle se trouvait d'établir et de sauvegarder ses droits, que par la volonté d'en répudier le bénéfice.

Que la renonciation soit expresse ou qu'elle soit tacite, ses effets doivent être les mêmes : « *Eadem est vis taciti ac expressi.* » Mais quels sont ces effets ?

Si l'hypothèque abandonnée par la femme existe seule sur l'immeuble aliéné, aucune difficulté ne peut être soulevée. L'effet de la renonciation est de mettre l'acquéreur à l'abri de toute poursuite de la part de la femme.

Mais lorsque d'autres hypothèques existent en concours avec celle de la femme les difficultés surgissent et de graves dissidences se manifestent et dans la doctrine et dans la ju-

1. 30 juin 1850 (Dall., 57, 1, 73).

risprudence. Cette controverse avait même eu le don d'effrayer nos anciens docteurs qui considéraient la question comme insoluble. Nous n'avons pas la prétention de faire la lumière ; notre désir est plus modeste et nous souhaitons seulement d'exposer avec quelque clarté les diverses opinion qui ont été émises à ce sujet.

Parmi les auteurs qui ont abordé cette question, les uns ont considéré la renonciation comme translative, les autres comme simplement extinctive. Dans le premier cas elle opérera un déplacement de droit, elle dépouillera la femme de son hypothèque pour en investir le cessionnaire. Dans le second elle n'aura d'autre effet que d'éteindre l'hypothèque, d'une façon complète, absolue, suivant les uns, mais seulement, suivant les autres, en tant qu'elle pourrait compromettre le tiers acquéreur et lui préjudicier. De là trois principaux systèmes.

Premier système. — La renonciation consentie par la femme ou l'aliénation du fonds consentie par les deux époux opère nécessairement, au profit de l'acquéreur, le transport de tous les droits des vendeurs. En un mot, il y a renonciation translative.

« Ici, dit Proudhon (*usufruit*, n° 2340) l'aliénation du fonds consentie par les deux époux, opérerait nécessairement au profit de l'acquéreur le transport de tous les droits des vendeurs ; la femme n'aliénerait pas moins son droit d'hypothèque sur le fonds vendu que le mari son droit de propriété dans le même fonds, puisque l'acte de vente consenti simultanément par eux emporterait par sa nature la cession des droits que l'un et l'autre avaient dans la chose ; et comme le mari ne pourrait plus aliéner ou engager efficacement au profit d'un autre, la propriété cédée à ce premier acquéreur, de même la femme ne pourrait plus céder ni engager à un autre bailleur de fonds l'hypothèque qu'elle avait sur l'héritage vendu, et dont elle est restée dépouillée par l'acte de vente. »

M. Coin-Delisle, dans une consultation par lui délibérée, nous semble avoir parfaitement refuté cette argumentation : « Quand je vends ma maison et que je la livre, je renonce certainement au plaisir d'en jouir et à l'avantage de la posséder ; quand je fais un bail, je renonce aux fruits naturels de ma ferme pendant la durée du bail ; quand je cautionne la vente d'un immeuble, je renonce aux droits de propriété que je pourrais prétendre sur la chose vendue. Or, toutes ces renonciations implicites ne sont ni actes, ni déclarations de renonciation. Ce sont des suites ou des conséquences de mon obligation principale ; elles éteignent des droits qui seraient contraires à cette obligation ; elles ne transfèrent rien à l'acquéreur du droit principal, quoiqu'il profite de l'extinction absolue ou temporaire de mon droit. Donc le concours solidaire de la femme à la vente que fait le mari ou son cautionnement à la même vente n'opèrent ni cession, ni renonciation translative de l'hypothèque légale en faveur de l'acquéreur. »

Deuxième système. — La renonciation consentie par la femme au profit de l'acquéreur emporte non-seulement la perte du droit de suite, mais encore l'extinction du droit de

préférence sur le prix. En un mot, elle est absolument extinctive.

Par suite, le mari peut librement disposer des fonds provenant de la vente, en supposant d'ailleurs qu'il n'y a pas
d'autres créanciers hypothécaires régulièrement inscrits. Si
donc il a transporté les fonds à un tiers, la femme est sans
qualité pour les revendiquer en vertu de son hypothèque
légale, et l'inscription par elle prise est à cet égard sans
valeur (1).

Il a été également jugé que si la femme a renoncé à son
hypothèque au profit d'un acquéreur, elle pourra ultérieurement sous la seule autorisation de son mari, donner mainlevée de son hypothèque légale sur l'immeuble vendu et de
l'inscription de cette hypothèque. Et cela alors même que
l'acquéreur est encore débiteur du prix. Il n'est pas nécessaire en un tel cas, d'observer les formalités prescrites par
les articles 2144 et 2145 C. civ. pour la réduction de l'hypothèque légale des femmes mariées (2).

Enfin la renonciation peut être opposée, non-seulement
par l'acquéreur, mais encore par tout tiers intéressé et notamment par le cessionnaire du mari.

Troisième système. — La renonciation à l'hypothèque légale en faveur d'un acquéreur ne profite qu'à cet acquéreur et
n'enlève nullement à sa femme, au moins tant que le prix
n'est pas payé, la faculté de faire valoir ses droits de pré-

1. Amiens, 3 mars 1853 (S. P. 1853, I, p. 691).
2. Metz. 13 déc. 1854 (S. 1855, 11, 193).

férence, à l'encontre des créanciers hypothécaires ou chirographaires du mari.

Ce troisième système a été consacré par un grand nombre d'arrêts (1) et paraît aujourd'hui dominant. Nous pensons également devoir nous y arrêter.

Les renonciations en effet ne se présument pas, surtout pour des droits aussi importants que ceux résultant de l'hypothèque légale d'une femme mariée. Si la présence et le concours de la femme dans la vente des immeubles du mari entraînent de sa part le désistement de ses droits hypothécaires, ce ne peut être que dans l'intérêt de l'acquéreur avec lequel elle contracte, et qui se trouve ainsi affranchi des entraves et des conséquences de son hypothèque légale, mais nullement dans le rapport des tiers créanciers du mari, auxquels ce désistement reste étranger, et à l'égard desquels on ne peut en induire aucun abandon, même tacite, tant que le prix des immeubles reste disponible entre les mains de l'acquéreur, à qui il n'importe pas plus de le payer à la femme de son vendeur qu'à tous autres ayants-droit.

La femme conserve donc le bénéfice de son hypothèque sur le prix de vente, tant qu'il demeure entre les mains de l'acquéreur. Par suite, le mari ne peut céder aucune portion de ce prix à des tiers au préjudice de sa femme. Il est vrai que la vente de l'immeuble en a mobilisé la valeur. Mais cette mobilisation ne peut avoir pour effet de donner

1 Amiens, 19 déc. 1846 et 16 fév. 1854 (Dall., 47, 2, 97 ; 54, 2, 198); Angers, 27 mai 1864 (Dall., 64, 2, 152); Req. 21 fév. 1849 (Dall., 49, 1, 157).

au mari sur le prix des droits plus étendus que ceux qu'il avait sur l'immeuble même. Or il ne pouvait pas disposer de celui-ci, d'une manière utile et efficace sans le concours de la femme. Donc il ne doit pas davantage pouvoir, sans ce concours, disposer du prix, du moins tant qu'il reste encore entre les mains de l'acquéreur. Les droits hypothécaires de la femme limitent, en cette circonstance, ceux qu'il voudrait puiser lui-même dans sa qualité de chef de la communauté.

De même également, la femme conserve le bénéfice de son hypothèque légale vis à vis de tous les créanciers de son mari qu'elle prime et elle peut de préférence se faire payer sur le prix.

Donc, seul, le droit de suite est éteint. Désormais l'acquéreur est à couvert de toute surenchère, non-seulement de la part de la femme, mais encore de la part de ses subrogés postérieurs à la vente. Ceux-ci en effet ne peuvent avoir plus de droits que leur auteur.

Dans ces conditions, il semblerait que l'acquéreur ne doit avoir aucun intérêt à purger. Et, en effet, dans la pratique, lorsqu'on a obtenu une renonciation de la femme, on se dispense toujours de remplir les formalités des articles 2193 et 2194. Cependant il est telle circonstance où on pourrait s'estimer heureux de ne pas les avoir négligées. Supposez en effet que, au moment de la vente, la cédante se soit déjà dessaisie de ses droits par des cessions antérieures au 1er janvier 1856. Les cessionnaires ne sont pas tenus d'obéir à l'article 11 de la loi du 23 mars 1855 ; ils peuvent tenir secrètes les cessions qui les ont investis des droits de la femme, et le seul moyen que l'acquéreur puisse employer, pour les forcer à se montrer, est précisément de recourir à la purge des hypothèques occultes. S'il ne l'a point fait, il reste exposé à leur action hypothécaire et par suite à délaisser l'immeuble par lui acheté ou à payer une seconde fois.

Section II

Conditions de forme.

Avant la loi du 23 mars 1855, les subrogations et renonciations à l'hypothèque légale n'avaient été soumises à aucune formalité, soit pour leur validité entre les parties, soit pour leur efficacité à l'égard des tiers. Les créanciers subrogés aux droits de la femme avaient le même bénéfice qu'elle, c'est-à-dire que la femme étant dispensée d'inscrire son hypothèque, les créanciers étaient également dispensés d'inscription. Quelques dissidences s'étaient, il est vrai, produites dans la doctrine ; mais la jurisprudence était constante. D'ailleurs, tout le monde reconnaissait que cette situation était pleine de dangers pour les tiers et même pour les femmes mariées. Comme le faisait très bien remarquer la faculté de droit de Strasbourg, dans l'enquête administrative de 1841, en rendant l'efficacité des subrogations consenties par la femme indépendante de toute inscription ou mention sur le registre hypothécaire, et en réglant la préférence entre divers créanciers subrogés par la seule date de leurs actes de subrogation et sans égard au rang de leurs hypothèques, rien n'empêche qu'une femme qui aura déjà absorbé son hypothèque légale par des subrogations occultes ne puisse se procurer encore du crédit en offrant à d'autres capitalistes de les associer au bénéfice de cette hypothèque. La crainte de cette fraude devait évidemment donner peu de confiance dans l'offre que faisait la femme de subroger à son hypothèque ; le crédit de celle-ci était donc atteint ; une réforme était nécessaire.

Elle fut accomplie par la loi de 1855, qui, dans son article 9, que j'ai déjà cité, assujettit les subrogations à certaines formalités. Il est bien entendu au reste que les subrogations antérieures à cette loi sont régies par la jurisprudence dont je viens d'exposer brièvement les inconvénients.

Les formalités exigées par l'article 9 de la loi du 29 mars 1855 pour la validité et l'efficacité des subrogations sont au nombre de deux. En premier lieu, la subrogation doit résulter d'un acte authentique et certains auteurs considérant que cette condition a été prescrite dans l'intérêt même de la femme, regardent comme nulle même entre les parties toute cession ou renonciation qui résulterait d'un acte sous-seing privé. La seconde condition exigée par l'article 9 est la publicité. Ce n'est qu'autant qu'ils ont satisfait à cette condition que les cessionnaires sont saisis à l'égard des tiers.

Mais il ne faut pas l'oublier, la loi, dans ce texte, parle

toujours d'une cession ou renonciation consentie par la femme au profit d'un créancier. Il en fut ainsi également dans la discussion qui eut lieu à l'Assemblée législative. Jamais il ne fut question d'une renonciation au profit de l'acquéreur d'un bien du mari. Peut-on en conclure que la double formalité exigée par l'article 9 de la loi du 23 mars 1855 ne doit pas être appliquée dans cette situation particulière ; qu'en un mot cet article ne régit que les cessions et les renonciations transmissibles et qu'il est inapplicable aux renonciations purement extinctives ?

Tel est en effet notre avis.

Et d'abord, en ce qui concerne l'authenticité, nous pensons que lorsque la femme intervient à un acte de vente passé par son mari, et renonce à son droit d'hypothèque en faveur de l'acquéreur, sa renonciation peut être valablement faite en quelque forme que ce soit, et par suite résulter d'un acte sous-seing privé. On nous oppose qu'il n'y a pas à cet égard à distinguer entre les cessions et renonciations faites par la femme en faveur de ses créanciers ou de ceux de son mari, et les renonciations par elle consenties en faveur d'un acquéreur du bien du mari. « Ces dernières, dit M. Berthault, ne sont-elles pas sans danger ? Ne peuvent-elles pas être le résultat d'entraînements, de surprises ? Pourquoi, lorsque dans tous les cas il y a des conséquences désastreuses et des abus à redouter, tantôt protéger les femmes et tantôt les abandonner ? » Cette objection est peut-être un reproche à l'adresse du législateur. Mais elle ne saurait nous toucher. Nous avons à interpréter la loi, non à la faire. Or, même sous prétexte d'équité, pourquoi faire dire à la loi ce qu'elle ne dit pas? Pourquoi faire rentrer dans les prévisions de l'article 9, une situation que le législateur n'a certainement pas prévue?

D'ailleurs la femme qui renonce au profit d'un acquéreur n'a pas besoin d'être protégée autant que la femme qui renonce au profit d'un créancier. Celle-ci abdique complètement sa sûreté hypothécaire. La première conserve intact le droit de préférence. Elle ne perd que le droit de suite. Et cette perte n'est pas très regrettable puisque, quelques mois plus tard, elle aurait été consommée par l'effet de la purge que l'acquéreur serait obligé de faire, si on lui enlève le bénéfice de la renonciation. Il est difficile en effet de supposer que la femme qui aura cédé aux sollicitations de son mari l'engageant à concourir à l'acte de vente ait ensuite le courage de faire inscrire son hypothèque, de surenchérir et par là d'exposer son mari au recours de l'acquéreur évincé.

Passons à la seconde partie de la question. Les renonciations consenties par la femme au profit d'un acquéreur sont-elles soumises à la publicité? La solution que nous avons adoptée sur la première formalité exigée par l'article 9 implique celle que nous allons suivre sur la seconde. Par cela même, en effet, que nous avons décidé que l'article 9 ne régissait pas ces renonciations quant à la forme, nous devons admettre qu'il ne les régit pas davantage, en ce qui concerne le mode de publicité. Rejetant son application sur un point, nous devons la rejeter pour le tout.

Cette question est d'ailleurs l'objet d'une grande controverse, mais avant d'aborder la discussion, nous tenons à faire remarquer que la jurisprudence n'a été appelée à se prononcer qu'une seule fois sur cette grave question. Le tribunal civil de Lyon, par un jugement du 12 juin 1863, admit que sans avoir besoin de prendre inscription, l'acquéreur, au profit duquel la femme du vendeur avait dans l'acte de vente, renóncé à son hypothèque légale, pouvait se prévaloir de cette renonciation contre les tiers, qui ayant été subrogés à la même hypothèque, depuis la transcription de l'acte de vente, avaient requis l'inscription prescrite par l'article 9. C'était la consécration de notre théorie.

Mais sur l'appel qui fut interjeté, la Cour de Lyon infirma ce jugement et consacra la solution contraire. Dans la théorie de cet arrêt, l'acquéreur doit inscrire et n'obtient le bénéfice de la renonciation à l'encontre des subrogés postérieurs qu'autant qu'il a pris inscription avant ceux-ci.

L'affaire fut portée devant la Cour de cassation, qui rejeta le pourvoi dirigé contre l'arrêt de Lyon. Il ne faudrait point cependant conclure de là que la Cour suprême ait entendu s'associer à la doctrine de l'arrêt attaqué. Il y avait, en effet, dans la cause, une circonstance toute particulière. L'acquéreur ne se bornait pas à faire produire à la renonciation les effets d'une purge légale pour en conclure l'extinction du droit de suite et la non-recevabilité des poursuites hypothécaires des subrogés postérieurs ; mais il l'invoquait comme subrogé au droit de préférence, dans un ordre ouvert pour la distribution de son prix payé une seconde fois. Prenant en considération cette situation, la Cour suprême décida : 1° que l'acquéreur d'un immeuble en faveur duquel la femme a renoncé à son hypothèque ne peut se dire subrogé au droit de préférence de la renonçante, par antériorité à des subrogés postérieurs, qu'autant qu'il a satisfait aux conditions de publicité édictées par l'article 9 ; 2° que l'acquéreur doit être réputé avoir pris cette position du cessionnaire de l'hypothèque légale dans le sens de l'article précité, quand, dans un ordre ouvert, sur la poursuite d'autres créanciers inscrits, il a requis la collocation de l'hypothèque de la femme et a produit en son ordre sur le montant de cette collocation.

Ainsi envisagée, la solution de la Cour de cassation ne renferme qu'une application littérale de l'article 9 de la loi de 1855, application à laquelle il nous paraît difficile de ne point souscrire. Mais la question, telle que nous l'avons posée, n'a pas été tranchée. Elle reste donc entière devant la Cour suprême.

Ces explications données, abordons la question. L'article 9 de la loi du 23 mars 1855, disent les partisans de l'arrêt de Lyon, exige que toute cession de l'hypothèque légale, toute renonciation à cette hypothèque, soit rendue publique par la voie de l'inscription. Il ne fait aucune distinction entre le cas où la renonciation a eu lieu au profit d'un créancier et celui où elle a été consentie au profit d'un acquéreur.

Oui, sans doute, la loi ne fait aucune distinction. Mais

quelle valeur présente cet argument de texte, puisqu'il est certain que l'hypothèse d'une renonciation au profit d'un acquéreur n'a jamais été prévue dans les divers projets élaborés de 1849 à 1855 ? Le législateur a toujours eu en vue l'hypothèse d'une renonciation au profit d'un créancier. C'est donc uniquement en vue de celle-ci qu'il dispose. C'est uniquement à celle-ci qu'il se réfère lorsqu'il parle de renonciation. Et sa pensée se comprend parfaitement si l'on se réfère à l'ordre d'idées qui a amené la rédaction de l'article 9, avant la loi du 23 mars 1855. Les subrogations consenties par la femme étaient indépendantes de toute inscription et la préférence se réglait entre divers créanciers par les dates de leurs actes de subrogation. De là des fraudes que nous avons déjà signalées et qui permettaient à la femme de se procurer du crédit en subrogeant des capitalistes au bénéfice de son hypothèque légale qu'elle avait déjà absorbée par des cessions antérieures. Il s'agissait donc de parer à cette situation et pour cela de soumettre à la loi commune, à la publicité, l'hypothèque légale, dès qu'elle passe aux mains d'un tiers qui doit exercer les droits hypothécaires de la femme au lieu et place de celle-ci. Or ces motifs montrent bien que l'article 9 n'est pas applicable aux renonciations consenties au profit d'un acquéreur. La situation des tiers acquéreurs au profit desquels la femme avait renoncé à son hypothèque légale n'était point contestée avant la loi de 1855. On reconnaissait que ce tiers acquéreur n'était pas un cessionnaire de l'hypothèque et que la convention qui intervenait entre la femme

et lui s'analysait en une renonciation extinctive de l'hypothèque. Il est par là même évident, dit M. Pont, que le
législateur, s'arrêtant au fait même qui a provoqué la réforme, statuera spécialement sur le cas où l'hypothèque est
livrée à un cessionnaire entre les mains duquel elle doit
continuer de vivre et ne comprendra pas dans ses prévisions, le cas où cette hypothèque est abandonnée par la
femme à un tiers acquéreur aux mains duquel elle va ces-
cer d'exister. »

L'article 9, par son économie et son texte, repousse
d'ailleurs l'interprétation de nos adversaires. Que dit-il en
effet ? que les cessionnaires de l'hypothèque légale n'en
sont saisis à l'égard des tiers que par l'inscription de cette
hypothèque prise à leur profit ; or le tiers acquéreur, en
faveur de qui la femme renonce à son hypothèque, n'est
pas *cessionnaire* de cette hypothèque, il est propriétaire de
l'immeuble qui en est grevé et nul ne peut avoir hypothèque sur sa propre chose. Que dit encore l'article 9 ? que la
date des inscriptions ou mentions détermine *l'ordre* dans
lequel ceux qui ont obtenu des cessions ou renonciations
exercent les droits de la femme. Or cette question d'ordre
dont parle le texte est absolument étrangère aux tiers acquéreurs.

Mais le mot important de l'article est le mot *cessionnaire*.
Cette expression résume la pensée du législateur. Il a con-
fondu sous ce mot les bénéficiaires de cessions ou de renonciations et par là il a proclamé indubitablement son intention de ne soumettre à la règle édictée que ceux,

subrogés ou renonciataires, qui auraient à exercer le droit dont ils seraient *saisis*. Cette dernière expression surtout donne à la démonstration la force de l'évidence.

On nous oppose que nous organisons la clandestinité, clandestinité qui est aussi contraire au simple bon sens et à la logique des règles qu'à l'intérêt du crédit.

La réponse est simple. Ceux-là seulement sont soumis au régime de publicité que la loi a organisé, qui sont cessionnaires de l'hypothèque. L'article 9 est bien précis à cet égard ; or, la renonciation au profit d'un acquéreur est purement extinctive. Cet acquéreur n'acquiert donc pas l'hypothèque ; il n'en est pas cessionnaire, et s'il n'en est pas saisi, s'il n'y est point subrogé, comment pourrait-il, dans le cas où elle n'a pas été antérieurement inscrite du chef de la femme, la faire inscrire à son profit.

Nos adversaires objectent encore que les tiers ont intérêt à connaître les renonciations au profit de l'acquéreur, tout autant que les renonciations au profit d'un créancier.

C'est précisément ce que nous n'admettons point. Quel besoin ont-ils de connaître les charges qui grèvent un immeuble dont la garantie leur échappe par le fait même de la transcription de l'aliénation ? La garantie elle-même disparaissant qu'importe la valeur plus ou moins grande de la garantie ?

Enfin les partisans de l'arrêt de Lyon nous reprochent d'assimiler la renonciation au profit d'un acquéreur à une véritable purge légale. Il est évident, disent-ils, que la purge légale, soit par l'inscription qu'elle provoque, soit par la radiation qu'elle amène après production dans l'ordre, ou même, quand il n'y a pas eu d'inscription, par les formalités dont elle est environnée, imprime à cet acte une publicité protectrice de l'intérêt des tiers qu'on ne rencontre pas dans la renonciation, et que dès lors elle produit des effets plus importants.

Vous prétendez que la purge par les formalités dont elle est environnée imprime à cet acte une publicité protectrice de l'intérêt des tiers?

Quels sont ces tiers dont vous parlez?

S'agit-il des créanciers subrogés à l'hypothèque légale postérieurement à la transcription de la vente ?

Mais, s'ils sont prudents, ils demanderont au bureau des hypothèques, un état de toutes les transcriptions opérées au préjudice de l'emprunteur. Cet état mentionnera la vente et la renonciation qui l'a accompagnée.

S'agit-il de la femme? Mais n'assiste-t-elle pas au contrat de vente, et sa présence n'est-elle pas la meilleure garantie que ses intérêts sont sauvegardés ?

Il ne faudrait point d'ailleurs se faire illusion sur l'efficacité de la purge. C'est ce que la cour de Riom, dans l'enquête de 1841 (*docum. hyp.* t. II. p. 353) a très bien mis en relief : « Qu'est-ce que cette mise en demeure, qui s'opère par une annonce dans un journal que la femme ne lit point ; par un dépôt dans un greffe et une affiche dans une salle d'audience où elle ne va jamais ; par une notification directe qui peut lui être soufflée ; par une autre notification au procureur royal qui n'en tient aucun compte ? »

J'en aurais fini, si je n'avais encore à présenter quelques considérations générales sur les funestes conséquences du système opposé.

Dans la pratique en effet les acquéreurs qui ont obtenu une renonciation de la femme à son hypothèque légale se bornent à faire transcrire l'acte qui constate la mutation de propriété. Si la doctrine que nous combattons était admise, le sort de la plupart des ventes effectuées depuis le 1er janvier 1856 se trouverait compromis.

Et cette pratique se conçoit bien, si l'on songe à quels frais le système opposé entraînerait l'acquéreur. Supposons une vente de 500 francs, et certainement la moyenne des ventes n'atteint pas ce chiffre. Les frais vont s'élever à 160 francs, c'est-à-dire à un chiffre supérieur au quart du prix d'acquisition ; et je ne tiens compte ni des frais de renouvellement d'inscription, ni des frais de mainlevée que l'acquéreur, chose étrange, devra se donner à lui-même. Une telle conséquence ferait certainement repousser le système qui oblige l'acquéreur à inscrire, si le législateur avait à se prononcer sur la question. Aussi, trouvons-nous que le moment est bien mal choisi pour défendre de pareilles doctrines. quand la petite propriété est déjà accablée par les charges qui l'oppressent.

Ajoutons enfin qu'en 1862 (*Moniteur* du 21 juin, p. 913) la question fut soumise au sénat par voie de pétition, et que le rapport dont cette pétition fut l'objet, consacra notre solution : « Quoique le texte de cet article (art. 9 de la loi du 23 mars 1855), dit le rapporteur, M. le comte de Casabianca, puisse donner lieu à une double interprétation, cependant l'obligation d'inscrire n'est imposée qu'au cessionnaire des droits de la femme. L'inscription hypothécaire suppose toujours une créance qu'elle a pour but de conserver : mais lorsque l'hypothèque légale a été éteinte par la renonciation de la femme , et que cette renonciation a été rendue publique par la transcription du contrat authentique où elle a été stipulée, le nouveau propriétaire est libéré ; il n'a aucune formalité à remplir ; on ne saurait l'astreindre à inscrire une hypothèque qui n'existe plus. La femme qui, après sa renonciation, transférerait à un tiers des droits qu'elle a perdus commettrait une fraude qui ne profiterait pas au cessionnaire. Ce dernier, avant d'accepter la cession, devait s'assurer au bureau de la conservation des hypothèques, si l'immeuble aliéné par le mari n'était pas exonéré de toute charge hypothécaire ; il y aurait trouvé la preuve que la femme avait abdiqué elle-même ses anciens ; droits il n'aurait donc pas contracté avec elle, à moins de vouloir participer à la fraude : l'action qu'il intenterait aurait une cause illicite et serait déclarée infectée d'une nullité absolue. Par ces motifs, nous pensons qu'il n'est nullement nécessaire de provoquer une loi nouvelle pour modifier une loi récente *dont la saine interprétation suffit* pour obvier aux inconvénients signalés par le pétitionnaire. Néanmoins, à raison de l'importance de la question et des divergences qu'elle a fait naître, nous vous proposons le dépôt de la pétition au bureau des renseignements. ▸

CHAPITRE III

DE LA PURGE DE L'HYPOTHÈQUE DE LA FEMME
QUAND IL N'EXISTE PAS D'INSCRIPTION

Lorsque l'acquéreur n'a pu obtenir la renonciation de la femme, la loi lui offre encore un moyen de se soustraire aux effets de l'hypothèque légale, non pas en payant la totalité de la dette ou en délaissant l'immeuble, mais en le retenant, au contraire, sauf à offrir et à payer la valeur représentative aux créanciers s'ils la trouvent suffisante et veulent s'en contenter. Ce moyen c'est la purge.

Ainsi, les créanciers ayant hypothèque sur l'immeuble sont mis en demeure, sont placés dans l'alternative ou d'accepter la somme qui leur est offerte, s'ils pensent qu'elle n'est pas inférieure à la valeur de l'immeuble, ou de refuser l'offre qui leur est faite, en requérant la vente de l'immeuble, pour que les enchères fassent monter le prix à une somme plus en rapport avec sa valeur.

« Le droit de purger les hypothèques, disait M. Persil dans son rapport de 1847, est un expédient équitable, imaginé pour rendre l'immeuble aliéné, aussi net et aussi liquide dans les mains du nouveau détenteur que peut l'être l'argent qu'il offre aux créanciers et qui est destiné à passer dans leurs mains, en échange du droit hypothécaire qu'ils ont sur l'immeuble. En deux mots, c'est la substitution de l'argent à l'immeuble faite sous la garantie de la loi, autant dans l'intérêt de la conservation des gages hypothécaires que pour faciliter sans inconvénient et sans danger la circulation des propriétés immobilières. Il ne faut pas un grand effort de réflexion pour comprendre que ce serait frapper tous les immeubles d'inaliénabilité que de ne pas les mettre, à un moment donné, dans cet état de complète libération et d'affranchissement absolu. »

Le Code civil a organisé deux espèces de purge : la première calquée sur la loi de brumaire, est organisée en vue de toutes les hypothèques inscrites ; la seconde, a pour objet spécial les hypothèques légales de la femme et du mineur dans les cas où la loi les dispense d'inscription. Nous avons déjà expliqué que nous n'avions pas à nous occuper de la purge des hypothèques inscrites. Lors en effet que la femme a pris inscription, elle doit être traitée comme tout créancier ayant utilement conservé son droit, sa situation ne présente rien de spécial.

Nous n'avons donc à nous occuper ici que de la purge des hypothèques occultes. Une hypothèque légale grève l'immeuble aliéné ; mais elle est occulte au moment où intervient l'aliénation. Par quelles formalités l'acquéreur fera-t-il apparaitre cette hypothèque et en délivrera-t-il l'immeuble qui lui a été vendu ? Telle est la question qui s'impose à notre attention.

Section I

Formalités à accomplir par l'acquéreur.

Les formalités destinées à mettre la femme en demeure de s'inscrire nous sont indiquées par l'article 2194. Aux termes de cet article, l'acquéreur d'immeubles appartenant à un mari doit :

1° Déposer copie dûment collationnée du contrat translatif de propriété au greffe du tribunal civil de la situation des biens.

2° Certifier par acte signifié, tant à la femme qu'au procureur de la République, le dépôt qu'il aura fait

3° Faire afficher pendant deux mois dans l'auditoire du tribunal un extrait de ce contrat, contenant sa date, les noms, prénoms, professions et domiciles des contractants, la désignation de la nature et de la situation des biens, le prix et les autres charges de la vente.

On est généralement d'accord pour reconnaître les inconvénients de ce mode de purge. Outre qu'il est fort long et dispendieux, il est absolument inefficace pour protéger les droits des incapables.

Il est long et dispendieux. En effet la purge des hypothèques occultes dure, dans la pratique, de trois à quatre mois, et coûte de 60 à 150 francs. D'où cela vient-il? principalement de la nécessité de déposer pendant deux mois la copie du contrat au greffe. Ce dépôt, formalité purement inutile, coûte à lui seul de 30 à 40 francs.

En second lieu, ce mode de purge est inefficace pour protéger les droits des incapables. Qui reçoit en effet la signification ? Le plus souvent, c'est le mari, c'est-à-dire la personne intéressée à ce qu'il ne soit pas pris inscription. La femme n'en a pas connaissance. Il est bien vrai que le contrat est déposé au greffe, qu'une affiche est placée dans une salle d'audience, qu'une insertion a lieu dans les journaux, qu'une copie de la signification est remise au parquet du procureur de la République. Mais à quoi servent toutes ces formalités? Elles sont purement illusoires, et elles n'ont presque jamais pour résultat de faire connaître aux véritables intéressés le fait qui menace l'existence de leur garantie. Aussi les relevés faits par l'administration constatent-ils qu'un très petit nombre d'inscriptions d'hypothèques légales sont prises, et l'on ne doit pas s'étonner de voir, particulièrement lorsque la ruine du mari s'opère graduellement, les pertes que font les femmes sur leurs dots.

Aussi avait-on proposé de modifier cette procédure, lorsqu'il fut question de réformer le régime hypothécaire. Dans le projet qui fut préparé en 1851 pour la troisième délibération de l'assemblée législative, on avait supprimé le dépôt au greffe de la copie collationnée du titre de l'ac-

quéreur et l'exposition d'un extrait du contrat dans l'auditoire du tribunal. Après la transcription de son titre, le
nouveau propriétaire devait faire à la femme une signification contenant les noms, prénoms, professions et domiciles
des parties, la désignation de l'immeuble, la date et la
nature du titre, la date de la transcription et l'énonciation
du prix et des charges. De plus, il devait faire insérer
dans un des journaux du département l'extrait de cette signification contenant les mêmes mentions, en ajoutant dans
le cas où il n'aurait pas connu ceux du chef desquels l'inscription pouvait être prise, la déclaration de cette circonstance dans l'insertion. Il aurait justifié ensuite de l'insertion dans les formes prescrites par l'article 698 C. pr. et
remis un exemplaire du journal au procureur de la république qui en aurait donné récépissé, le tout sans frais.

Malheureusement, ce projet qui eût apporté en cette
matière une notable amélioration ne put aboutir. Dans
la séance du 25 juin un membre demanda et fit adopter
la remise de la discussion ; les événements politiques de
1852 firent oublier la réforme projetée et l'on est encore
à attendre une loi que les orateurs du projet de 1851
trouvaient urgente. On ne peut que regretter profondément
cette situation si nuisible aux intérêts généraux et répéter
les paroles de M. Hennequin, dans la séance du 25 juin
1850 : « Puisse venir le jour où les esprits seront assez
calmes pour que l'Assemblée soit à même de voter une loi
aussi pacifique, qu'une loi hypothécaire. »

- Ces observations présentées sur la valeur législative de

la purge des hypothèques occultes, arrivons à l'examen de l'article 2194. Cet article indique trois formalités nécessaires et suffisantes pour opérer la purge, mais ne parle pas de la transcription ; l'article 2181 au contraire place en tête des formalités de la purge ordinaire la transcription du contrat translatif de propriété. Est-ce à dire que l'acquéreur d'un immeuble appartenant à un mari, qui veut purger, n'aura pas à transcrire son titre ?

Sous le code civil, on discutait la question de savoir si les rédacteurs de l'article 2181 avaient entendu confirmer le principe de la loi de Brumaire, d'après laquelle la transcription était une condition nécessaire de la transmission de la propriété à l'égard des tiers, ou, s'il avait voulu abandonner ce principe ; si enfin, tout en parlant de transcription, ils maintenaient intact l'article 1583 code civil qui déclare la vente parfaite et la propriété transmise à l'acquéreur par le seul consentement des parties.

La doctrine et la jurisprudence avaient adopté cette dernière opinion, et, on en concluait que tout à fait étrangère à la question de propriété, la transcription était simplement un préliminaire obligé de la purge ordinaire et que ce préliminaire était remplacé dans la purge légale par le dépôt au greffe du contrat translatif de propriété.

Sous les articles 834 et 835 du code de procédure, la transcription a un objet moins secondaire et mieux dessiné. Elle apparaît comme une sorte de mise en demeure, un avertissement donné aux créanciers non inscrits, et, comme on l'a dit, elle devient un appel aux inscriptions. Les créanciers ont en effet pour s'inscrire un délai de quinzaine après la transcription.

Enfin la loi du 23 mars 1855 abrogeant les articles 834 et 835 du code de procédure, et, revenant au principe de la loi de Brumaire, rétablit la transcription comme moyen de consolider la propriété au regard des tiers. Mais ce qui n'avait pas de signification précise sous le code, a aujourd'hui un sens très-net et très-arrêté : la transcription qui seule peut opérer le transport de propriété par rapport aux tiers peut seule aussi et par cela même créer la faculté de purger. Car cette faculté ne peut appartenir qu'à celui qui est devenu propriétaire. Concluons donc que depuis le 1ᵉʳ janvier 1856, le dépôt au greffe ne peut remplacer la transcription et que l'acquéreur serait sans qualité pour procéder à la purge des hypothèques légales non inscrites. Tant que le titre n'aurait pas été transcrit, les titulaires de ces hypothèques conserveraient malgré une pareille purge le droit de les inscrire conformément aux articles 3 et 6 de la loi du 23 mars 1855.

L'acquéreur fera donc *d'abord* transcrire son titre ; puis il déposera copie dûment collationnée du contrat translatif de propriété au greffe du tribunal civil du lieu de la situation des biens.

Les acquéreurs par actes séparés et à des dates différentes de divers héritages ayant appartenu au même vendeur peuvent se réunir pour faire au greffe du tribunal civil le dépôt prescrit par l'article 2194 Code civil, et le greffier serait mal fondé à prétendre qu'il est de son devoir de rédiger autant d'actes de dépôt et de son droit d'exiger autant de fois la rémunération allouée par le tarif qu'il y a de contrats de vente. Il doit se borner à dresser un seul acte de dépôt. C'est ce que le tribunal de Clermont-Ferrand, par un jugement du 21 mars 1860 et la cour de Riom, par un arrêt du 23 juillet, confirmant les motifs des premiers juges, ont très justement décidé à mon avis. En effet, « si la prétention du greffier avait été admise, la même exigence de sa part aurait pu se produire lorsqu'un seul acquéreur aurait fait le dépôt de plusieurs actes de vente que lui aurait consentis le même vendeur. Or, ce résultat est évidemment inadmissible (1). »

L'administration de l'enregistrement décide en ce même sens que le certificat du greffier constatant le dépôt au greffe, par un seul et même acte, et pour parvenir à la purge des hypothèques, de la copie collationnée de plusieurs contrats de vente au profit d'acquéreurs distincts n'est passible que d'un seul droit d'enregistrement (2).

La difficulté la plus sérieuse que cette première formalité ait fait naître est une question d'attribution. Les avoués prétendaient que seuls ils avaient le droit de procéder aux formalités de la purge légale et notamment que seuls ils pouvaient faire le dépôt de la copie collationnée.

A l'appui de leur prétention, les avoués disaient qu'ils avaient été institués par la loi pour représenter et assis-

---

1. Contrà. Agen, 1 juin 1859 (D. 59, 2, 219).
2. Sol. de l'adm., 5 mars 1866 (S. P. 1867, p. 607).

ter les parties, et constater leur individualité devant les tribunaux, par leur présence et leur signature. De là cette conséquence nécessaire que rien ne peut se faire par une partie en matière civile, dans un tribunal, soit à l'audience, soit à la chambre du conseil, soit au greffe, qui est une partie intégrante du tribunal, sans le concours et l'assistance d'un avoué. Cette conséquence résulte de la lettre et de l'esprit des lois qui ont établi des avoués près les tribunaux. Elle doit s'appliquer aussi bien lorsqu'il s'agit d'une purge légale que lorsqu'il s'agit de toute autre procédure : d'abord, parce que la purge légale est une véritable procédure, aussi bien et au même titre que celles dans lesquelles le concours et l'assistance des avoués sont tous les jours et sans contestation jugés nécessaires ; et que, d'un autre côté, il y a, lors de l'acte du dépôt du contrat, nécessité de certifier l'individualité du déposant, formalité qui exige impérieusement la présence d'un avoué.

On répondait très justement à cette prétention qu'aucune disposition du Code civil, du Code de procédure, et du tarif ne supposent la nécessité du concours de l'avoué pour la purge des hypothèques légales. Le tarif qui énonce tous les droits dus aux avoués pour leur comparution au greffe, soit qu'il s'agisse des cas prévus par l'article 2185, soit qu'il y ait lieu d'assister les parties lors des renonciations aux successions et communautés, n'a pas parlé d'un droit qui serait dû pour assister au dépôt du contrat, afin d'arriver à la purge légale.

Le ministère de l'avoué n'est donc pas obligatoire, et la

partie pourrait, par elle-même ou par son mandataire, faire le dépôt au greffe. Seulement il apparaît immédiatement une difficulté ; la copie doit être collationnée, c'est-à-dire que sa conformité avec l'original doit être certifiée après une comparaison faite, et il est difficile d'admettre que la partie ou son mandataire puisse certifier cette conformité ; ces personnes n'ont aucun caractère public, et leur déclaration ne présente aucune garantie de fidélité et surtout d'exactitude. Il faut donc interpréter l'article en ce sens que si le dépôt peut être fait par toute personne, la copie ne peut être certifiée collationnée que par un officier public. Ce sera, par exemple, le notaire dépositaire de la minute qui délivrera la copie.

L'avoué pourra aussi faire la copie, la collationner et la certifier, pourvu qu'il prenne cette copie sur la minute même ; sinon, en reproduisant une expédition, il ne ferait qu'une copie de copie et la loi n'attribue pas à ces écrits la même force qu'aux copies tirées sur l'original. La compétence de l'avoué est indéniable, car il peut toujours certifier les copies d'une pièce de procédure, et bien qu'il n'ait pas une compétence exclusive, on ne saurait le déclarer incapable d'assister les parties dans une opération qui se passe au greffe du tribunal. Il joue alors le même rôle que dans les renonciations de succession ou de communauté.

Le dépôt au greffe de la copie collationnée est constaté par un acte du greffier et cet acte de dépôt est signifié à la femme et au procureur de la République près le tribunal de la situation des biens. Il n'est point nécessaire de faire une notification au mari ; car son intérêt est absolument opposé à celui de la femme.

La notification de l'acte de dépôt doit être faite par huissier ; mais à la différence de celle dont il est parlé en l'article 2183, il n'est point nécessaire qu'elle soit faite par huissier commis à cet effet. En effet l'article 832 C. pr. renvoie seulement aux articles 2183 et 2185 C. civ. et nullement à l'article 2194. Bien plus, il a été jugé que la signification faite à la femme, au domicile conjugal, mais en parlant au mari, serait valable, alors même que les époux seraient séparés de biens (1). Exiger en effet d'une manière absolue et à peine de nullité que la remise fût faite à la personne même de la femme, quand elle a le même domicile que son mari, c'eût été imposer à l'acquéreur une condition dont le mari serait à peu près le maître de rendre l'exécution impossible. D'ailleurs les nullités ne se suppléent point.

Mais notre décision devrait-elle rester la même, lorsque la femme est encore mineure ? L'acquéreur qui veut purger peut-il en pareille occurence se contenter de notifier l'extrait de son contrat à cette femme, parlant à sa personne ? L'opposition d'intérêts qui existe entre le vendeur et son épouse, n'exige-t-elle pas au contraire la nomination d'un curateur spécial, et la purge n'est-elle régulière qu'à la condition d'une double notification et à la femme et à son conseil ?

---

1. Rouen, 15 fév. 1828 (Sir. 28, 2, 152) ; Rej. 14 juill. 1830 (Sir. 31, 1, 54) ; Conrà, Troplong, IV, 978.

Dans une remarquable dissertation, publiée dans le recueil de Dalloz (1844, 3, 132), M. Loyseau a soutenu l'affirmative. « S'il est un principe certain dans notre droit, dit l'éminent avocat, c'est que l'émancipation, conséquence nécessaire du mariage, ne confère à la femme ni une capacité plus large, ni des privilèges plus étendus qu'à tout autre mineur admis à jouir de la même faveur... La loi ne distingue pas entre l'émancipation expresse et l'émancipation tacite... La femme mariée avant sa majorité est donc comme tout mineur émancipé capable des actes de pure administration, dans les limites tracées par l'article 481 C. civ. On sait qu'en cela le mineur émancipé jouit des mêmes prérogatives, et s'engage aussi valablement que le majeur ; pour les actes de cette nature, il peut intenter toutes actions et y défendre valablement sans l'assistance de son curateur. Mais les actes qui ne sont pas de simple administration, dépassent la capacité du mineur émancipé. Ainsi il n'a pas la disposition des droits réels.

Des principes qui précèdent, découlent des conséquences qui méritent d'être signalées. D'un côté il n'est pas douteux que tous les exploits de procédure relatifs à des actes d'administration sont valablement adressés au mineur seul. S'agit-il au contraire d'actions réelles l'incapacité de l'émancipé exige l'intervention du curateur. Celui-ci devra donc être mis personnellement en cause par la remise de copies distinctes de tous les actes signifiés au mineur lui-même. »

« Les principes qui précèdent cessent-ils d'être applicables, si la femme s'est mariée en état de minorité? En aucune façon, elle a aussi un curateur spécial : c'est son mari. Celui-ci devra être porté dans tous les actes de procédure intéressant sa femme, tantôt pour l'autoriser, tantôt comme maître de ses actions, souvent comme son curateur légal. Qu'arrivera-t-il donc s'il a lui-même un intérêt direct et personnel, en opposition à celui de sa femme, et par exemple s'il a vendu des immeubles frappés de l'hypothèque légale ? Eh bien, nous pensons que l'acquéreur ne peut notifier directement son contrat à la femme. En effet, il ne s'agit pas pour elle d'un acte d'administration ; c'est un droit réel qui est en jeu..... D'autre part, nous dirons que la notification prescrite par l'article 2194 ne peut être valablement faite au mari ; car, s'il est de droit curateur de sa femme, il en est autrement dès qu'il existe entre eux une opposition d'intérêts. La loi ne veut-elle pas que dans un cas pareil le tuteur cesse de représenter le mineur ? Ne veut-elle point, s'il s'agit de poursuites en expropriation contre une femme mineure et son mari, qu'il soit nommé à la femme un conseil auquel les actes de procédure devront être notifiés ? Il doit en être ainsi en matière de purge d'hypothèques légales suivie par l'acquéreur des biens du mari. »

Peut-être serait-il utile que le législateur vînt consacrer cette solution, comme garantissant d'une façon plus efficace les droits de la femme ; mais, contrairement à l'opinion de M. Loyseau, nous ne pensons pas dans l'état actuel de la législation qu'il faille adopter cette solution. L'article 2194 Code civil ne fait ni exception, ni réserve. Il dit d'une façon très générale, très absolue, que le dépôt au greffe de la copie collationnée du contrat translatif de propriété sera signifiée à la *femme* et il ne distingue point si celle-ci est majeure ou mineure. La règle qu'il pose est une et s'applique par conséquent à l'une et l'autre hypothèse.

C'est en vain d'ailleurs, que, pour repousser cet argument tiré du texte même de la loi, nos adversaires invoquent les principes généraux en matière de curatelle. Sans doute, lorsqu'il y a opposition d'intérêts entre le curateur et le mineur émancipé, il devient nécessaire de nommer un curateur *ad hoc*. Mais cette règle doit s'entendre du curateur ordinaire, nullement du mari à l'égard de la femme mineure. C'est qu'en principe, celle-ci n'a pas besoin d'une assistance autre que celle de son mari, même pour les actes auxquels le mari serait intéressé. Ceci résulte de la généralité des termes de l'article 217 qui confère au mari le pouvoir d'assister sa femme sans distinguer s'il y a ou s'il n'y a pas d'opposition entre les époux. Cela s'induit également des articles 218, 221, 2208 Code civil, qui n'exigent l'intervention d'un curateur spécial que dans des cas déterminés, notamment dans le cas de minorité ou d'absence du mari, ou lorsqu'il refuse d'autoriser sa femme à faire certains actes, Aussi est-il reconnu, en doctrine et en jurisprudence, que la femme mineure est toujours valablement assistée par son mari, malgré l'intérêt personnel que celui-ci pourrait avoir dans l'opération.

Des termes de l'article 2194, on avait voulu conclure que les règles qu'il traçait pour la purge des hypothèques légales non inscrites n'étaient applicables qu'autant que le mariage subsistait encore. Cette conclusion a été repoussée par un avis du Conseil d'État du 8 mai 1812, ainsi conçu : « Le Conseil d'État est d'avis, que le mode de purger les hypothèques légales des femmes, établi par le Code civil et par l'avis du Conseil d'État du 9 mai 1807, est applicable aux femmes veuves, ainsi qu'à leurs héritiers ou autres représentants. »

L'application de cet avis est aujourd'hui bien restreinte. Nous savons en effet qu'aux termes de l'article 8 de la loi du 23 mars 1855, la veuve, ses héritiers ou ayants-cause sont assujettis à prendre inscription dans l'année qui suit la dissolution du mariage.

Si l'acquéreur ne connait pas l'existence des hypothèques légales ou si l'individualité des femmes auxquelles cette hypothèque appartient, n'est pas suffisamment établie, un avis du Conseil d'État du 1er juin 1807 indique la manière de procéder. « Lorsque la femme ou ceux qui la représentent ne seront pas connus de l'acquéreur, il sera nécessaire et il suffira pour remplacer la signification qui doit leur être faite, aux termes de l'article 2194, en premier lieu, que dans la signification à faire au procureur impérial, l'acquéreur déclare que ceux du chef desquels il pourrait être formé des inscriptions pour raison d'hypothèques légales existant indépendamment de l'inscription, n'étant pas connus, il fera publier la susdite signification sous les formes prescrites par l'article 683, C. pr.; en second lieu que le susdit acquéreur fasse cette publication dans lesdites formes de l'article 683, et que s'il n'y avait pas de journal dans le département, l'acquéreur se fasse délivrer par le procureur impérial un certificat portant qu'il n'en existe pas. »

Cet avis n'est applicable que dans le cas où l'existence de la femme est inconnue. Mais, dans la pratique, on en abuse trop souvent. Le tiers détenteur déclare qu'il ignore le domicile des représentants de la femme et il s'abstient de leur faire directement la notification exigée par l'article 2194. Les tribunaux doivent réprimer cette fraude avec sévérité.

La notification de l'article 2194 fait courir les intérêts du prix de vente au profit de la femme, comme les notifications faites en vertu de l'article 2183 les font courir au profit des créanciers inscrits. Cette notification en effet, est, pour la femme dont l'hypothèque est restée occulte, une mise en demeure, non-seulement d'avoir à inscrire son hypothèque, mais encore, si le prix ne lui paraît pas suffisant, de former une surenchère. Les notifications prescrites par les articles 2183 et 2194 ayant sur ce point le même objet, elles ne sauraient avoir, sur les intérêts du prix, des effets légaux différents (1).

Enfin comme troisième et dernière formalité, la loi exige qu'un extrait du titre du nouveau propriétaire soit et reste affiché pendant deux mois dans l'auditoire du tribunal. Cet extrait doit contenir la date, le titre, les noms, prénoms, professions et domicile des contractants, la désigna-

---

1. Cass. 1 mars 1870 (Dall., 70, I, 209).

tion de la nature et de la situation des biens, le prix et les autres charges de la vente Par charges de la vente, il faut entendre toutes les sommes ou prestations que, pour devenir propriétaire de l'immeuble, l'acquéreur s'est obligé à payer ou à fournir, en sus du prix proprement dit. Telle est, par exemple, l'obligation imposée à l'acquéreur d'acquitter les frais qui ne seraient pas de plein droit à sa charge, et notamment les frais de purge.

L'accomplissement de cette formalité se constate au moyen d'un certificat délivré par le greffier.

L'omission de l'une des indications que doit contenir l'extrait du titre n'entraînerait pas la nullité. Mais on comprend que la formalité ne pourrait être regardée comme valablement accomplie, si l'omission portait sur une indication sans laquelle les créanciers mis en demeure ne pourraient reconnaître s'ils ont ou non intérêt à répondre à l'appel qui leur est fait par l'acquéreur et à prendre inscription.

Section II

Effets attachés à ces formalités.

Lorsque l'acquéreur a déposé une copie dûment collationnée de son titre, certifié son dépôt par acte signifié tant à la femme qu'au procureur de la République, et fait afficher un extrait de son contrat dans l'auditoire du tribunal, l'hypothèque légale de la femme n'est pas encore purgée. Ce n'est là en effet qu'une mise en demeure, un appel fait aux inscriptions qui révèleront les hypothèques jusqu'alors restées occultes. Aussi l'article 2194 nous dit-il que pendant les deux mois de l'exposition du contrat, les femmes, maris, parents et amis et le procureur de la République seront reçus à requérir, s'il y a lieu, et à faire faire au bureau de la conservation des hypothèques des inscriptions sur l'immeuble aliéné.

Lorsqu'il s'agit d'hypothèques légales connues, le point de départ des deux mois court du jour de l'exposition du contrat dans l'auditoire du tribunal. Lorsqu'il s'agit d'hypothèques légales inconnues, le délai court du jour de la publication faite aux termes de l'article 683 Code procédure ou du jour de la délivrance du certificat du procureur de la République constatant qu'il n'existe pas de journal dans le département.

Ce délai de deux mois est-il susceptible d'augmentation à raison des distances ? Doit-on appliquer les articles 73 et 1033 du Code de procédure. Nous pensons qu'il faut répondre négativement à cette question, même dans le cas où la femme habite hors du territoire continental de la France. En effet l'article 73 Code procédure qui indique les augmentations de délai n'a trait qu'aux ajournements ; l'article 1033 ne parle également que des ajournements, citations, sommations. Or, il s'agit ici d'une inscription hypothécaire.

Les formalités de l'article 2194 n'ont pas seulement

pour effet de mettre la femme en demeure de prendre inscription. Elles lui ouvrent, également, comme à tout créancier hypothécaire le droit de surenchère, si elle espère que
les enchères donneront à l'immeuble aliéné un prix supérieur à celui qui est porté dans l'acte de vente. Notre article il est vrai ne consacre pas formellement ce droit ; néanmoins il ne saurait être refusé à la femme. La surenchère
n'est qu'une manifestation du droit de suite et le droit de
suite est une prérogative attachée à toutes les hypothèques
indistinctement. Cependant, ce droit de surenchérir serait
perdu pour la femme, si l'immeuble aliéné avait déjà formé
l'objet d'une adjudication prononcée à la suite d'une première surenchère ; c'est l'application d'une règle fondamentale de notre procédure que l'on formule ainsi : « *surenchère sur surenchère ne vaut.* » Et cette règle se conçoit
aisément. Quand un immeuble a déjà formé l'objet d'une
adjudication, il peut être considéré comme ayant atteint
sa plus haute valeur. Toute surenchère serait donc inutile
et ne ferait qu'accroître les frais ; aussi, dès avant la loi du
2 juin 1841, était-il généralement admis que l'adjudication
sur surenchère du dixième fixait définitivement et au regard de tous les créanciers hypothécaires, sans distinction,
le prix de l'immeuble hypothéqué ; cette solution fut sanc-
tionnée par la loi précitée qui ajouta à l'article 838 Code
procédure un septième alinéa ainsi conçu : « L'adjudication, par suite de surenchère sur aliénation volontaire, ne
pourra être frappée d'aucune autre surenchère. » Enfin la
loi du 21 mai 1858 sur les ordres, a implicitement con-

firmé celte solution, en maintenant l'alinéa que nous venons de transcrire.

Cependant MM. Olivier et Mourlon repoussent cette décision (1). L'adjudication, disent-ils, laisse subsister sur l'immeuble adjugé et sans aucune altération, les hypothèques occultes qui le grèvent du chef du vendeur ou des précédents propriétaires ; l'adjudicataire ne peut donc se mettre à couvert contre elles qu'en remplissant les formalités prescrites pour la purge par l'article 2194, Code civil. Ces formalités remplies, deux cas sont à considérer : les créanciers à qui ces hypothèques appartiennent les ont-ils fait inscrire dans le délai fixé par l'article 2194 du même Code ? Leurs droits de surenchère et de préférence sont pleinement sauvegardés l'un et l'autre ; les ont-ils au contraire tenues secrètes ? Leur droit de surenchère disparaît. Cette opinion se fonde particulièrement sur le dernier alinéa de l'article 838 ainsi conçu : « La purge des hypothèques légales, si elle n'a pas eu lieu, se fait comme au cas d'aliénation volontaire. »

Ainsi, dans cette doctrine, le législateur violant la règle *surenchère sur surenchère ne vaut*, au moment où il venait de la poser, aurait entendu réserver aux créanciers, à hypothèques légales dispensées d'inscription, la faculté de faire une nouvelle surenchère du dixième. Nous ne saurions admettre cette solution. En effet, à la différence de la purge ordinaire la purge légale ne tend pas précisément à pro-

1. Comment. de la loi de 1858, nº 259.

voquer la faculté de surenchérir. Sans doute la femme mariée a ce droit, comme tout créancier hypothécaire régulièrement inscrit ; mais ce serait aller trop loin que de prétendre que la surenchère est l'objet spécial, direct de la purge légale. L'objet spécial de cette purge est de mettre la femme en demeure de s'inscrire. C'est à ce point de vue que se sont placés les rédacteurs de l'article 898 Code procédure. Dès lors il est facile de comprendre que le dernier alinéa de l'article 838 qui ne parle de la purge des hypothèques légales que dans le but spécial de l'inscription se concilie parfaitement avec l'avant-dernier alinéa du même article aux termes duquel l'adjudication sur surenchère après aliénation volontaire ne peut être suivie d'aucune autre surenchère. Concluons donc qu'après une purge ordinaire suivie d'une adjudication sur surenchère, la femme mise en demeure de s'inscrire par l'accomplissement des formalités de l'article 2194, conserve, il est vrai, son droit de suite au moyen d'une inscription prise dans les deux mois, mais que ce droit ne lui confère pas cependant la faculté de faire une autre surenchère. Pour elle, comme pour les autres créanciers, le droit de suite se trouve converti en un droit sur le prix à payer par l'adjudicataire.

Le droit de surenchère n'appartient donc à la femme qu'autant qu'il n'y a pas eu déjà une surenchère. Demandons-nous maintenant dans quel délai elle pourra exercer ce droit.

Lorsqu'il s'agit de la purge des hypothèques inscrites, tout créancier dont le droit a été utilement conservé peut aux termes de l'article 2185, requérir la mise aux enchères pendant les quarante jours qui suivent la notification prévue par l'article 2183, notification qui émane du nouveau propriétaire et qui a précisément pour objet de mettre les créanciers en demeure de surenchérir. Lors au contraire qu'il s'agit d'hypothèques occultes, l'article 2194 indique bien un certain nombre de formalités destinées à mettre la femme en demeure de prendre inscription, il lui accorde même à cet effet un délai de deux mois, mais il n'indique point après quel délai la femme sera déchue du droit de surenchère. Doit-on penser par interprétation stricte du texte, que le délai de deux mois est fatal, et entraîne tout à la fois déchéance du droit de prendre inscription et déchéance du droit de surenchérir? Doit-on au contraire décider, par analogie avec l'article 2185, que si la femme a pris inscription dans le délai de deux mois, elle aura encore quarante jours pour surenchérir?

Pour justifier ce dernier système, on a prétendu que la femme rentre dans le droit commun en inscrivant son hypothèque. Dès lors, a-t-on dit, l'acquéreur ne peut purger que suivant les formalités prescrites par les articles 2183 et suivants du Code civil. De même que la femme ne pourrait surenchérir sans se conformer aux règles édictées par l'article 2185, de même l'acquéreur pour la constituer en demeure doit se conformer aux règles de l'article 2183. On conclut de là que la femme a un délai de quarante jours pour surenchérir, indépendant du délai de deux mois pour prendre inscription.

Nous pensons au contraire que le droit de prendre inscription et celui de surenchérir doivent être exercés, à peine de déchéance, dans un seul et même délai. En effet le Code a tracé dans deux chapitres différents les règles de la purge ordinaire et celles de la purge légale. Chacune de ces purges a ses règles propres; mais aussi chacune se suffit à elle-même. Ce serait donc procéder d'une façon arbitraire que de faire passer une disposition du chapitre VIII dans le chapitre IX, sans qu'aucun texte de loi nous y autorise. L'article 2185 fixe un délai spécial pour la surenchère. L'article 2194 reste muet à cet égard. Le législateur a sans doute pensé que le délai de deux mois qu'il accordait pour prendre inscription était également suffisant pour pouvoir surenchérir. La majorité des cours d'appel et un grand nombre d'auteurs se sont ralliés à cette opinion (1).

Les formalités prescrites par l'article 2194 ne constituent, nous venons de le voir, qu'une mise en demeure, un appel aux inscriptions ; comment donc l'immeuble, objet de la purge, sera-t-il définitivement affranchi de l'hypothèque légale ? A cet égard, l'article 2195 prévoit deux hypothèses distinctes : celle où il n'a pas été pris d'inscription dans le délai de la loi et celle où des inscriptions ont été prises. Nous examinerons sous deux paragraphes ces deux situations différentes.

1. Troplong, n°ˢ 221, 982, 993 ; Aubry et Rau, t. II, n° 967. Paris, 26 nov. 1857 (Dall., 58, 2, 153).

§ 1. — *Il n'a pas été pris d'inscription.*

Dans le cours des deux mois de l'exposition du contrat, il n'a pas été pris d'inscription du chef de la femme. Dans ce cas « les immeubles vendus passent à l'acquéreur sans aucune charge, à raison des dots, reprises et conventions matrimoniales de la femme, et sauf le recours, s'il y a lieu. contre le mari » (art. 2195-1°). Ainsi le défaut d'inscription procure à l'acquéreur la franchise de l'immeuble, du chef de la femme. L'action hypothécaire qui appartenait à celle-ci est absolument éteinte ; son droit de suite est perdu et il ne lui est plus possible de requérir la surenchère ou de délaisser. La jurisprudence a fait diverses applications de ce principe. Ainsi il a été décidé que le mari acquéreur d'un immeuble sur lequel sa femme a une hypothèque légale du chef de sa mère peut purger contre sa femme par l'accomplissement des formalités de l'article 2194, et, qu'il est libéré, si l'inscription n'a pas été prise dans les délais, bien qu'il soit lui-même chargé de requérir cette inscription (1).

La perte du droit de suite, attachée au défaut d'inscription dans le délai de deux mois, subsiste même au cas où, par l'effet d'une surenchère, l'acquéreur qui a rempli les formalités de la purge, s'est trouvé évincé de son acquisition. L'adjudicataire sur surenchère n'est donc pas tenu

---

1. Req. 21 déc. 1352 (Sir. 55, 1, 41).

de procéder à une nouvelle purge des hypothèques légales (1).

La femme est donc définitivement déchue de son droit de suite, si elle a négligé de prendre inscription dans le délai de deux mois. Mais a-t-elle du moins conservé son droit de préférence? Peut-elle, tant que les choses sont encore entières, tant que le prix n'a pas été payé, distribué ou délégué, se présenter et demander à être payée à son rang? Aujourd'hui aucune controverse ne saurait exister sur ce point. Le droit de préférence survit au droit de suite, et, quoique déchue vis-à-vis de l'acquéreur, la femme conserve encore ses droits vis-à-vis des autres créanciers. Telle est la solution donnée par la loi du 21 mai 1858, qui a modifié les dispositions du Code de procédure sur les ordres et sur quelques points, en matière de saisie immobilière. Mais, antérieurement à cette loi, la lutte avait été vive, la discussion passionnée, et il a fallu que le législateur intervînt pour mettre fin à cette longue odyssée judiciaire, qui, comme une guerre célèbre avait duré trente ans (2). En effet, tandis que la majorité des cours d'appel, appuyée par la plupart des auteurs, admettait la solution qui devait plus tard être consacrée législativement, la Cour suprême soutenait d'une façon invariable la doctrine opposée. Certes, nous ne voulons point exposer ici tous les arguments qui furent invoqués de part et d'autre. Cependant, cette question a si longtemps divisé la doctrine et la jurisprudence,

1. Req. 1 juin 1859 (Sir. 61, 1, 223); Aubry et Rau, t. 3, § 295).
2. Le premier arrêt de la Cour de cassation est du 8 mai 1827.

qu'il ne nous paraît pas inutile de rappeler ici quelques-unes des raisons qui furent données à l'appui de chaque opinion.

L'arrêt de la Cour de cassation, du 13 février 1852 (Dall., 1852. 1. 39), rendu en audience solennelle, sur le rapport de M. Faustin-Hélie, et contrairement aux conclusions de M. le procureur général Delangle, résume tous les moyens sur lesquels reposait la théorie de la cour suprême, et je ne puis faire mieux que de le reproduire.

La Cour ; vu l'article 2180, Code civil ; attendu qu'aux termes de l'article 2180, les hypothèques s'éteignent par l'accomplissement des formalités et conditions prescrites aux tiers détenteurs pour purger les biens qu'ils ont acquis ; que ce mode d'extinction, puisque la loi ne fait à cet égard aucune distinction, s'applique aux hypothèques légales aussi bien qu'aux hypothèques conventionnelles ou judiciaires ; que si, suivant la disposition de l'article 2135, l'hypothèque existe, indépendamment de toute inscription, au profit des femmes, sur les immeubles de leurs maris, cette exception à la règle générale de la publicité cesse, lorsque les immeubles étant passés dans les mains des tiers, ceux-ci ont rempli les formalités de la purge ; que l'article 2193 confère, en effet, aux tiers acquéreurs le droit de purger les hypothèques légales, non inscrites, existant sur les biens par eux acquis ; que l'article 2194 énumère les formalités nécessaires pour mettre la femme en demeure de prendre inscription, et que l'article 2195 déclare que si dans les deux mois de l'exposition de l'acte de vente, il n'a pas été fait d'inscription du chef de la femme, l'immeuble passe à l'acquéreur sans aucune charge ; que l'hypothèque légale ainsi frappée de déchéance en ce qui concerne l'acquéreur, par l'accomplissement des formalités légales, ne peut conserver sa puissance ; en ce qui concerne les créanciers, puisque d'une part cette déchéance est prononcée sans aucune réserve, et que, d'une autre part, la loi n'accorde à la femme qu'un recours contre son mari ; que, d'ailleurs, la femme qui a perdu son droit de suite sur l'immeuble ne peut revendiquer un droit de préférence sur le prix, puisque le prix n'est que la représentation de l'immeuble affranchi d'hypothèque, et que le droit de collocation n'est que la continuation du droit de suite ; casse, etc. Ainsi, et en résumant ces motifs, la doctrine qui maintient à la femme le droit de préférence sur le prix, contient : 1° une violation de l'article 2180 ; 2° une fausse interprétation et application des articles 2135, 2193, 2194 et 2195. Nous examinerons successivement ces motifs.

Le premier, comme on vient de le voir, consiste à prétendre que l'hypothèque est éteinte par la purge.

A notre avis, rien n'est plus faux que ce raisonnement. L'article 2180, n° 3, ne contient qu'une nomenclature, et il faut nécessairement pour l'interpréter recourir à l'article 2186 dont l'objet *spécial* est de déterminer les effets juridiques de la purge. Or, ce second article résiste manifestement à l'interprétation qui a été donnée au premier. Que dit-il en effet ? « A défaut par les créanciers, d'avoir requis la mise aux enchères dans le délai et les formes prescrites, la valeur de l'immeuble demeure définitivement fixée au prix stipulé dans le contrat, ou déclaré par le nouveau propriétaire, lequel est en conséquence libéré de tout privilège et hyyothèque, en payant ledit prix aux créanciers *qui seront en ordre de recevoir…*» Aux créanciers en ordre de recevoir…. Donc les hypothèques subsistent, bien que la purge ait eu lieu ; car si elles ne subsistaient plus, il n'y aurait pas un *ordre* à établir.

Ces principes sont vrais, incontestables dans le cas de la purge ordinaire. Pourquoi donc ne le seraient-ils plus, quand il s'agit de la purge des hypothèques légales dispensées d'inscription?

Le mode de purge est différent, il est vrai. Mais le résultat est le même. Il n'y a pas deux purges des hypothèques, mais deux moyens d'arriver à la purge.

Le second motif de l'arrêt précité repose tout entier sur une idée principale, c'est-à-dire la déchéance absolue du droit d'hypothèque, déchéance portant sur le droit de priorité, comme sur le droit de suite, qui serait consacrée par le § 1ᵉʳ de l'article 2195 c. civ.

Je nie formellement l'exactitude de cette proposition fondamentale. Oui, il y a déchéance par rapport au droit de suite, mais elle n'existe pas en ce qui concerne le droit de préférence. Une déchéance est une peine. Appliquée à un droit d'hypothèque destinée à assurer le rang et par le rang la conservation ou le paiement effectif de la créance, elle constitue une véritable diminution ou privation de patrimoine, ou mieux encore une véritable expropriation. Il faut donc que cette privation soit formulée en des termes nets et bien précis, afin que les intéressés soient avertis des suites de leur négligence.

L'hypothèque légale de la femme est, par une double faveur, non-seulement dispensée de la nécessité d'une stipulation, mais en outre de la formalité de l'inscription. Elle *existe* indépendamment de toute inscription, expression énergique qui lui imprime toute la plénitude de ses effets juridiques. On ne peut donc priver les créanciers munis de cette hypothèque du bénéfice qu'elle leur confère que par des textes consacrant la déchéance ; suppléer ces déchéances, c'est commettre un excès de pouvoir.

Mais la cour de Cassation trouve la formule de cette déchéance dans le § 1 de l'article 2195. Cet article dit sans doute que les créanciers avec hypothèque légale dispensée d'inscription perdent leur droit d'hypothèque ; qu'ils sont déchus ou privés du rang qui leur était assuré ? Pas le moins du monde. Cet article se borne à déclarer que « s'il n'y a pas eu inscription dans les deux mois du chef de la femme, les immeubles *passent* à l'acquéreur, sans aucune charge, à raison des dots, reprises et conventions matrimoniales de la femme, et sauf le recours, s'il y a lieu, contre le mari. »

Est-ce là une formule de déchéance ? Qui le croirait, à moins qu'on ne suppose que le législateur ait voulu tendre un piège aux incapables ?

Je pense donc que, même avant la loi de 1858, la femme conservait son droit de préférence sur le prix de l'immeuble, après l'expiration du délai de deux mois, et je regrette que le cadre trop restreint de cette étude ne me permette point d'interroger ici l'histoire du droit. Dans un remarquable opuscule, M. Beuech, l'éminent professeur de la faculté de droit de Toulouse, mort trop tôt pour la science, a voulu reconstituer l'histoire de la purge légale pour élucider cette question et il avoue que, frappé par l'imposante harmonie de la tradition sur ce point, il ne peut concevoir comment la cour de Cassation a consacré un tel système.

La dernière disposition ajoutée au texte nouveau de l'article 717 par la loi de 1858 ne fait donc, à notre avis, que confirmer et rendre indubitable ce que le législateur avait déjà dit. Deux droits bien distincts dérivent de toute espèce d'hypothèques : le droit de suite sur l'immeuble, si le tiers détenteur ne paye pas son prix ; le droit de collocation sur le prix quand il est payé. Si le tiers détenteur veut se débarrasser du droit de suite, il purge l'hypothèque légale, il remplit les formalités de l'article 2194. Si la femme ou le mineur ne prennent pas inscription dans les deux mois, le droit de suite n'existe plus ; le tiers détenteur offre son prix, et dit à tous les créanciers hypothécaires : réglez entre vous les droits de préférence et de collocation. La purge qu'il a opérée, il ne l'a faite que pour lui seul, dans son intérêt unique ; il n'est pas chargé et il ne s'est pas chargé de défendre les droits des créanciers les uns à l'égard des autres. Il ne peut que payer son prix. Il n'a voulu par la purge que soustraire son immeuble au droit de suite ; il a exercé l'action particulière qu'il avait contre la femme. Tout est consommé sur ce point.

Quant aux créanciers inscrits qui s'étaient bien sciemment soumis au droit de préférence de la femme même sans inscription, quelle action a été exercée par eux? Comment se sont-ils débarrassés de ce droit, qu'aucune loi ne leur a permis de faire disparaître, parce qu'ils l'ont accepté jusqu'au paiement du prix? Comment la femme qu'ils n'ont pas interpellée, ni mise en demeure relativement au droit indépendant de l'inscription, a-t-elle pu le perdre? Que s'est-il passé entre eux qui ait pu ehanger leur position? On ne le voit pas : le droit de suite a péri parce que la loi, dans un cas déterminé, en avait soumis l'exercice à l'inscription ; le droit de préférence demeure, parce qu'il dépend de la nature de l'hypothèque et non de l'inscription.

Tels sont les principes fondamentaux que la Cour de Cassation avait méconnus et que le législateur a voulu proclamer bien haut dans l'exposé des motifs de la loi de 1858. Mais en même temps qu'il prenait parti contre la jurisprudence de la cour suprême, en même temps qu'il proclamait la survivance du droit de préférence au droit de suite, il lui a paru utile de réglementer l'existence de ce droit. En effet, cette prorogation du droit de préférence ne peut être absolue et illimitée ; il n'y a point de tels droits sur une terre civilisée. Ce droit rencontre une borne, ce sont les faits accomplis, les droits acquis à des tiers. Il ne s'agit après tout que de fixer cette borne. Faudra-t-il, pour que le droit de la femme s'éteigne, que l'ordre soit exécuté par le paiement des bordereaux ? Ne suffira-t-il pas qu'il soit clos, et même s'il est judiciaire, et a ainsi des phases déterminées, la femme ne pourra-t-elle pas être déchue au moment même où le seraient les créancers inscrits s'il n'y a pas d'ordre, le droit de la femme subsiste-t-il jusqu'au paiement du prix de l'immeuble, et ne devra-t-il pas s'incliner devant un transport régulier de ce prix ?

Tous ces points ont été touchés par la loi nouvelle, qui a renfermé le droit dans des limites plus précises et plus étroites et lui a donné une durée certaine et déterminée. En effet, l'article 772 dispose « que les créanciers à hypothèques légales, qui n'ont pas fait inscrire leurs hypothéques dans le délai fixé par l'article 2195 du Code Civil ne peuvent exercer de droit de préférence sur le prix qu'autant qu'un ordre est ouvert dans les trois mois qui suivent l'expiration de ce délai et sous la condition déterminée par la dernière disposition de l'article 717 ». Cette dernière disposition est ainsi conçue : « Les créanciers à hypothèques légales, qui n'ont pas fait inscrire leurs hypothèques avant la transcription du jugement d'adjudication, ne conservent de droit de préférence sur le prix qu'à la condition de produire avant l'expiration du délai fixé par l'article 754 dans le cas où l'ordre se règle judiciairement, et de faire valoir leurs droits avant la clôture si l'ordre se règle amiablement, conformément aux articles 751 et 752. »

De ces deux articles résultent les deux propositions suivantes :

1° Le droit de préférence ne survit au droit de suite

qu'autant que l'ordre qui distribuera le prix sera ouvert dans les trois mois qui suivront l'expiration du délai de purge ;

2° En supposant que l'ordre soit ouvert dans les délais dont nous venons de parler, la femme pourra sans doute y produire son droit ; mais elle devra, à peine de déchéance, le faire dans un certain délai et ce délai est différent suivant qu'il s'agit d'un ordre amiable ou d'un ordre judiciaire.

a. — Supposons d'abord un ordre amiable. Cet ordre est une des innovations les plus importantes de la loi du 21 mai 1858. Avant la promulgation de la loi nouvelle, l'ordre amiable ne pouvait avoir lieu qu'en dehors de la présence du juge. Les parties se réunissaient entre elles ou devant un notaire et constataient leurs conventions d'après les règles ordinaires des contrats. Si personne ne prenait l'initiative ou si les prétentions contradictoires des intéressés rendaient l'accord impossible, on devait forcément arriver à l'ordre judiciaire. La loi nouvelle est venue apporter une heureuse modification. Elle veut que l'ordre amiable ait lieu devant le juge ; bien plus, elle exige qu'il soit tenté devant lui. Par analogie avec la tentative de conciliation prescrite par l'article 48, Code procédure, dans presque toutes les instances civiles, elle établit à l'entrée de l'ordre judiciaire un essai de règlement amiable que quelques auteurs ont fort justement nommé ordre de conciliation. D'ailleurs l'institution de cette tentative de conciliation ne dépouille pas les parties du droit de trancher entre elles ou par devant notaire les difficultés qui peuvent s'élever sur la distribution du prix de l'immeuble. La loi n'a pas voulu restreindre le droit commun ; elle y a tout au contraire ajouté. Désormais avant de recourir à la justice les parties auront deux espérances : l'une d'une conciliation provoquée par leurs conseils, l'autre d'une conciliation facilitée par le juge.

Ces explications données, revenons à notre question. En supposant qu'un ordre amiable soit ouvert dans les trois mois qui suivent l'expiration du délai de purge, dans quel délai la femme doit-elle y produire ? La réponse est la même, qu'il s'agisse d'un ordre consensuel, ou d'un ordre par voie de conciliation. L'article 717 ordonne qu'en l'une et l'autre hypothèse la femme produise avant la clôture de l'ordre. Tout est donc consommé lorsque l'ordre est clos. La faveur des créanciers à hypothèques légales ne va pas jusqu'à faire revenir sur des opérations qu'ils ont laissé achever sans leur concours. Toutefois cette clôture ne pourrait être opposée à la femme que si la date en était légalement certaine.

b. — Si la tentative d'ordre amiable échoue, dès que les trente jours accordés pour y procéder sont expirés, le juge, après avoir prononcé l'amende contre les non-comparants et constaté sur le procès-verbal que les créanciers n'ont pu s'entendre entre eux, déclare l'ordre ouvert.

Si cet ordre judiciaire est ouvert dans les trois mois qui suivent l'expiration des délais de purge, la femme pourra y produire. Mais jusqu'à quel moment ? Pourra-t-elle, comme s'il s'agissait d'un ordre amiable, demander à être colloquée jusqu'à la clôture? La loi s'est ici montrée plus sévère. L'article 772 en effet déclare que la production devra avoir lieu dans les délais fixés par l'article 754. Je transcris cet article, en le faisant précéder du premier alinéa de l'article 753 : « Dans les huit jours de l'ouverture de l'ordre, sommation de produire est faite aux créanciers. Dans les quarante jours de cette sommation, tout créancier est tenu de produire ses titres avec acte de produit signé de son avoué et contenant demande en collocation. Le juge fait mention de la remise sur le procès-verbal. »

Ainsi donc tout créancier inscrit qui n'aura pas produit à l'ordre judiciaire dans un délai de quarante jours à dater de la sommation qui lui a été faite, est complètement déchu du droit de figurer dans l'ordre et d'y prendre part.

Mais comment appliquer à la femme la règle que nous venons de poser? Celle-ci, en effet, n'étant pas inscrite et ayant déjà par ce défaut d'inscription perdu son droit de suite, n'a pu recevoir de sommation. Quel sera donc pour la femme le point de départ du délai de quarante jours qui doit entraîner à son égard une déchéance complète? Il ne peut y en avoir d'autre que le jour de la signification de la sommation faite aux créanciers inscrits, et, dans le cas où ces sommations ont été faites en différents temps, il suffira que la production soit faite dans les quarante jours à dater de la dernière sommation.

Ce délai expiré, il y a forclusion du droit de produire à l'ordre judiciaire et le droit de préférence est perdu. Toutefois cette déchéance rigoureuse n'est encourue que par les créanciers non-produisants dans les délais. Quant à ceux qui ayant produit dans les délais auraient omis de joindre leurs titres à l'appui, la jurisprudence les admet à les produire, après l'expiration des quarante jours, sans qu'il y ait pour eux forclusion (1).

S'il y a moins de quatre créanciers inscrits, l'ordre ne peut être provoqué (**773**). Cette disposition se justifie facilement. Les intéressés étant en petit nombre, les complications sont moins à craindre. Si donc l'ordre amiable vient à échouer, la distribution du prix sera réglée par le tribunal jugeant comme en matière sommaire, sur assignation signifiée à personne ou à domicile, à la requête de la partie la plus diligente, sans autre procédure que des conclusions motivées. Le jugement sera signifié à avoué seulement, s'il y a avoué constitué.

Lorsqu'il y aura moins de quatre créanciers inscrits sur le bien aliéné par le mari, et qu'il y aura lieu de procéder à cet ordre judiciaire exceptionnel, la femme, pour conserver son droit de préférence, devra former sa demande conformément à l'article 773 précité et elle jouira des mêmes délais que les créanciers inscrits. Mais de quels délais jouissent ces derniers ? C'est une question fort controversée et que nous n'avons pas à agiter ici. Nous dirons seulement qu'à notre avis le tribunal doit attribuer au demandeur et

1. Limoges, 3 juin 1871 (Dall., 1872, 2, 88).

Vignancour   12

aux défendeurs présents la collocation qu'ils réclament, sans se préoccuper de la créance des défenseurs absents. On nous opposera que cette solution équivaut à une forclusion de plein droit et l'on nous répétera le brocart : « *nulla pœna sine lege.* » L'objection n'est pas fondée. Nous ne prétendons pas en effet que les défaillants soient forclos, par cela seul qui ne se seront pas présentés dans tel ou tel délai, ou, ce qui revient au même, qu'ils ne soient pas admis à produire à l'ordre, s'ils ne l'ont pas fait avant telle ou telle époque déterminée de l'instance. Ils ne pourront plus sans doute soulever, en première instance du moins, aucune prétention, dès que le règlement sera clôturé et le jugement rendu ; mais, tant que le tribunal n'aura point prononcé, pendant toute l'instance et jusqu'au jugement, ils pourront faire valoir leurs prétentions.

Les créanciers défaillants peuvent-ils poursuivre la réformation du jugement qui leur fait préjudice? Assurément, ils le peuvent par la voie de l'appel. L'article 773 est formel à cet égard et renvoie pour la manière de procéder aux articles 763 et 764. Mais, si le jugement est rendu par défaut, pourra-t-il être frappé d'opposition ? Nous le pensons également. En effet, la première rédaction de l'article 773 renvoyait à l'article 762 qui en matière de jugements sur les contredits, supprima la voie d'opposition dans le cas de défaut. Cette première rédaction n'a pas été maintenue ; l'article 773, tel qu'il est aujourd'hui rédigé, ne contient plus ce renvoi. Qu'en conclure, si ce n'est que le droit commun a été maintenu et que la voie de l'opposition est permise au créancier défaillant.

Le même article 762, dans l'hypothèse pour laquelle il statue, n'exige que la signification à avoué pour faire courir le délai d'appel et réduit ce délai à dix jours. Ces dispositions ne doivent pas davantage être appliquées aux jugements en matière de réglement à l'audience. Ceux-ci seront donc signifiés à la partie et soumis au délai ordinaire de l'appel (1).

Aux termes de l'article 773, l'ordre ne peut être provoqué s'il y a moins de quatre créanciers inscrits. Il résulte de là que les créanciers à hypothèque légale non inscrits ne doivent pas être comptés, à moins qu'ils ne se fassent connaître avant que la demande en attribution de prix ne soit introduite. Que s'ils se font inscrire, trois hypothèses doivent être distinguées.

1° Le créancier à hypothèque légale se présente pendant la tentative d'ordre amiable. Sa participation à cet ordre lui donne les mêmes droits qu'à tout créancier ayant pris inscription. On ne peut procéder à l'ordre qu'avec son concours. Il doit donc être compté :

2° Le créancier à hypothèque légale se fait connaître seulement lorsque la tentative d'ordre amiable a échoué, mais avant cependant que la demande en attribution soit formée devant le tribunal. Comme le procès-verbal du juge-commissaire constituant le refus d'arrangement ne men-

---

1. Paris, 24 juillet 1862 (Dall., 1862, 2, 186). — Contrà, Besançon, 25 nov. 1861 (Dall., 1862, 2, 186).

tionne que la présence de trois créanciers, on pourrait se demander s'il faut ou non tenir compte du créancier intervenant, s'il faut ou non procéder en vertu de l'article 773. Nous pensons qu'il y a lieu de suivre la procédure d'ordre ordinaire. Le créancier à l'hypothèque légale avertira de sa prétention le juge-commissaire et celui-ci déclarera l'ordre judiciaire ouvert.

3° Le créancier intervient seulement dans une instance en attribution de prix. Le tribunal a été valablement saisi de la demande et l'instance doit continuer.

Nous venons de supposer avec l'article 773 qu'il existait moins de quatre créanciers inscrits. Les explications que nous avons fournies à ce sujet se conçoivent facilement lorsqu'il existe deux ou trois créanciers produisants. Mais comment les choses se passeront-elles s'il n'existe qu'un seul créancier inscrit. Il ne peut y avoir lieu à la tentative de l'ordre amiable. Car pour faire un ordre, il faut au moins deux créanciers entre lesquels un rang puisse être établi et réglé. Aussi a-t-il été décidé (1) qu'il n'y a point de règlement à poursuivre. Le créancier pourra agir par voie de commandement contre l'acquéreur et poursuivre, faute de paiement, la revente à sa folle enchère, sans avoir demandé préalablement un mandement de justice. Toutefois si la purge légale n'était pas faite, l'acquéreur devrait demander un sursis aux poursuites commencées jusqu'à l'expiration du délai de deux mois accordé à la femme pour prendre inscription.

1. Cass. 13 janv. 1840 (Sir. 40, 1, 449); Poitiers, 17 août 1847 (Sir. 48, 2, 255).

S'il n'existe aucun créancier inscrit, les choses se passeront de la même manière. La femme qui, bien que mise en demeure de se faire connaître, aura laissé passer sans s'inscrire, le délai fixé par l'article 2195, sera tenue de faire valoir dans les trois mois suivants, son droit de préférence et procédera contre l'acquéreur par voie de commandement.

Par le rapide examen que nous venons de faire des divers ordres, nous avons établi l'instant précis, auquel la femme déjà déchue de son droit de suite par sa négligence à s'inscrire dans le délai de purge, se trouve par sa négligence à produire, définitivement déchue de son droit de préférence. C'est là une première cause de déchéance. Une autre nous est déjà apparue, et sur laquelle nous n'avons eu à fournir aucune explication. Je veux parler du cas où les trois mois qui suivent le délai de purge se sont écoulés, sans qu'un ordre ait été ouvert, soit sur la demande des créanciers, soit sur la demande de la femme elle-même. Car assurément celle-ci pour éviter la perte de son droit est autorisée à requérir l'ouverture de l'ordre.

Mais ces deux causes de déchéance ne sont pas les seules. Une troisième est encore à signaler et c'est assurément la plus grave, car elle peut se produire au lendemain même de l'expiration du délai de purge. Si en effet, même avant l'expiration des trois mois, l'acquéreur paie son prix aux créanciers chirographaires de son vendeur ou même à ce dernier, ce paiement est valable et les femmes devront en subir l'effet. «Les partisans du droit de préférence, dit M. Riché, ne sauraient murmurer de ce résultat, car ils reconnaissent eux-mêmes dans les faits consommés émanés des tiers, consommés au lendemain de la purge, une barrière au droit de préférence. Cette seconde vie accordée à l'hypothèque après la purge exige qu'au moins elle se réveille à temps, qu'elle ne laisse point terminer à ses côtés un ordre amiable, ni des faits graves et respectables se consommer sur la foi de son silence. »

Il est d'ailleurs incontestable que, lorsque l'acquéreur a rempli les formalités de la purge et qu'il n'est pas survenu d'inscription d'hypothèque légale, il ne peut plus retenir le prix. Le vendeur a donc le droit de le contraindre à le payer, dès que le titulaire du droit de préférence ne s'est pas montré par une opposition formée à temps. Si donc l'acquéreur peut et doit verser son prix entre les mains du vendeur, celui-ci, au lieu de le recevoir, peut bien le céder, le transporter à un tiers, qui, en notifiant le transport à l'acquéreur devient incontestablement propriétaire.

Et ce que nous disons du transport, il faut le dire de tout acte qui aura eu pour effet d'éteindre, en la personne du vendeur, le droit au prix, tel qu'une remise de dette, ou une compensation, ou qui sans l'éteindre l'aura fait sortir du domaine du vendeur en le plaçant dans le patrimoine d'un tiers, comme une dation en paiement.

La question devient plus embarrassante lorsque les faits accomplis ont été consommés avant la purge légale. Supposons par exemple qu'aussitôt après la purge des hypothèques inscrites, il y ait eu réquisition d'ordre. L'acquéreur aurait pu obtenir un sursis pour procéder à la purge des hypothèques légales, mais il n'a pas jugé à propos de le faire, et il ne songe à remplir les formalités de l'article 2194 qu'après que l'ordre est clôturé et les créanciers inscrits satisfaits. Si les femmes qu'il a ainsi mises en demeure, s'inscrivent avant l'expiration du délai de purge, elles auront très valablement conservé leur droit. Elles pourront donc faire une surenchère du dixième, ou, si le prix leur paraît suffisant, réclamer l'ouverture d'un ordre. L'acquéreur sera donc obligé de les désintéresser jusqu'à concurrence de son prix de vente.

Mais si les femmes ne s'inscrivent pas dans le délai qui leur est imparti par l'article 2195 quelle sera alors leur situation? Leur droit de suite est éteint assurément; mais leur droit de préférence subsiste-t-il? Pour soutenir la négative, on pourrait dire que le prix n'existe plus aux mains de l'acquéreur et qu'il a été valablement payé aux créanciers inscrits. Où trouver dès lors le fondement d'un droit de préférence? Dans quel délai d'ailleurs, à supposer qu'il existe, les femmes seraient-elles appelées à l'exercer? Sera-ce dans les trois mois qui suivent l'expiration du délai de purge? Mais nous savons qu'elles ne peuvent plus l'invoquer, lorsqu'il est intervenu, même avant l'expiration de ces trois mois, un ordre définitivement clôturé. Or dans l'espèce cet ordre existe.

Nous pensons cependant que le droit de préférence subsiste et que par suite la femme pourra pendant trois mois à dater de l'expiration du délai de purge, se faire payer sur le prix. L'ordre en effet a été ouvert et clôturé avant la purge légale. Dès lors à quel titre pourrait-on le lui opposer ? De plus la loi lui accorde un certain délai pendant lequel elle peut, après la purge, faire encore valoir son droit de préférence. Ce délai, il est vrai, peut être réduit aux limites les plus extrêmes ; mais comment admettre que l'acquéreur et les créanciers inscrits puissent le supprimer par leur précipitation à se régler entre eux ? On oppose que la femme a eu tort de ne pas faire inscrire son hypothèque lorsque l'acquéreur a procédé contre elle à la purge. Elle pourra très justement répondre que son droit de préférence lui a paru pleinement suffisant pour mettre son intérêt à couvert.

Nous ne voulons pas dire d'ailleurs que l'ordre intervenu entre les créanciers inscrits est nul et que ceux-ci doivent rapporter les sommes qu'ils ont touchées. Cet ordre est très valable ; mais à l'égard de la femme, il est *res inter alios acta*. Il ne doit ni lui profiter ni lui nuire. Il est très valable, dis-je, car les créanciers inscrits n'ont pas qualité pour forcer l'acquéreur à faire la purge des hypothèques occultes, avant de procéder avec eux. Si donc celui-ci requiert l'ouverture de l'ordre, les créanciers sont tenus d'y produire, à peine de déchéance, et ne peuvent en aucune façon être considérés comme responsables du défaut de purge des hypothèques légales. L'acquéreur seul en subira les effets, si plus tard la femme exerce son hypothèque légale.

Nous admettrons toutefois que la femme ne peut plus

exercer son droit de préférence à l'expiration du délai de purge, si l'acquéreur avait eu soin de mentionner les faits accomplis dans la notification de l'acte de dépôt et dans l'affiche de l'extrait du titre. Dans cette hypothèse, si la femme ne prenait pas inscription dans le délai de deux mois qui lui est imparti à cet effet, elle serait présumée avoir renoncé à son droit de préférence.

Reste une dernière situation à régler. La femme n'a pas produit en temps utile ; mais les créanciers inscrits n'ont pas absorbé complètement le prix mis en distribution. Le droit de préférence de la femme subsiste-t-il sur la portion du prix qui reste aux mains de l'acquéreur ?

Si l'on envisage la question dans les rapports de la femme avec l'acquéreur, la négative est évidente. L'acquéreur peut sans craindre aucun recours payer le reliquat à son vendeur ou aux créanciers chirographaires de celui ci. Ces créanciers chirographaires ne sont eux-mêmes soumis à aucun recours, puisqu'ils n'ont reçu que ce qui leur était dû.

Mais supposons que, les fonds étant encore entre les mains de l'acquéreur, la femme les frappe de saisie-arrêt : pourra-t-elle se les faire attribuer à l'exclusion des créanciers chirographaires ?

Nous le pensons en effet. L'ordre est à l'égard des créanciers chirographaires *res inter alios acta*. Ils ne peuvent se prévaloir de la déchéance d'un créancier qui n'a pas produit. Tant que l'acquéreur est débiteur d'une portion de son prix, il en doit compte aux créanciers hypothécaires. Ce système est parfaitement établi lorsqu'on le restreint aux créanciers qui, bien qu'inscrits, n'ont pas produit à l'ordre ; nous ne voyons aucune raison sérieuse pour ne pas l'appliquer aux femmes qui après être restées dans l'inaction pendant deux mois à compter des formalités prescrites par l'article 2194, ont laissé passer sans produire leur droit, les trois mois que la loi leur accorde.

§ 2. — *Il a été pris inscription.*

Nous venons d'épuiser tout ce que nous avions à dire pour le cas où la femme ne prend pas d'inscription. Venons à l'hypothèse, où, mise en demeure par l'acquéreur qui veut purger, la femme manifeste son hypothèque par une inscription.

D'abord cette inscription n'est que spéciale. Elle ne protège l'hypothèque de la femme que pour l'immeuble soumis à la purge et formant l'objet du contrat dont l'exposition est dénoncée. Ce n'est pas une inscription couvrant tous les immeubles que grève l'hypothèque générale de la femme (Troplong, IV, 991).

Ceci posé, deux hypothèses peuvent se présenter :

Ou la femme est primée par des créanciers antérieurs ;

Ou elle prime tous les créanciers inscrits.

I. — Dans le premier cas, la solution nous est donnée par le § 2 de l'article 2195, ainsi conçu : « S'il a été pris inscription du chef des femmes, et s'il existe des créanciers antérieurs qui absorbent le prix en totalité ou en partie, l'acquéreur est libéré du prix ou de la portion de prix par lui payée aux créanciers placés en ordre utile ; et les inscriptions du chef des femmes seront rayées, ou en totalité, ou jusqu'à due concurrence. »

Cet article pour être compris sainement a besoin de quelques explications ; car la rédaction laisse fort à désirer : « En effet, pour que des créanciers passent avant l'hypothèque légale, il ne suffit pas que leur inscription soit antérieure à l'inscription prise par la femme sur la réquisition de purge ; mais il faut qu'elle soit antérieure à l'époque fixée par l'article 2135, comme étant celle d'où dépend le rang de l'hypothèque légale (1). » Cette solution ne ressort point du texte que nous avons cité, mais elle résulte clairement des principes généraux et aucun doute n'est permis sur ce point. Il est de principe, en effet, que le rang des hypothèques légales ne dépend point de la date de leur inscription, mais seulement de la nature de la créance qu'elles garantissent.

Il est encore un point qui n'est pas très nettement exprimé dans l'article 2195-2°. La loi suppose que les créanciers préférables à l'hypothèque légale absorbent seulement une partie du prix, et elle parle pour cette hypothèse d'une radiation de l'hypothèque légale qui aurait lieu jusqu'à due concurrence. Il est impossible de comprendre cette radiation partielle. Dans l'espèce il reste une partie du prix sur laquelle l'hypothèque légale viendra en ordre utile ; c'est

____

1. Colm. de Santerre, t. **IX**, 186 *bis*, IV.

une situation qui sera réglée par le troisième alinéa de l'article : mais il n'y a aucune modification à faire subir à l'inscription de l'hypothèque légale. Il semblerait d'après l'article que le gage diminuant, il faut diminuer l'inscription, la réduire à une due concurrence ; mais nous ne voyons pas que l'importance plus ou moins grande de la valeur hypothéquée implique une différence dans l'inscription. Une diminution du chiffre de la créance demanderait une réduction du chiffre indiqué dans l'inscription ; mais la créance de la femme ne diminue pas, quoique son gage hypothécaire soit amoindri, et qu'elle ne puisse exercer utilement son droit que sur une fraction du prix total de l'immeuble. Les mots *et jusqu'à due concurrence* ont donc été écrits sans que le rédacteur de l'article s'en rendît un compte bien exact, et peut-être parce qu'il a cru répéter ce qu'on venait de dire, que l'acquéreur était libéré jusqu'à concurrence de la partie du prix qu'il avait payée.

II. — Abordons la seconde hypothèse. Elle est prévue par le dernier paragraphe du même article 2195 : « Si les inscriptions du chef des femmes sont les plus anciennes, l'acquéreur ne pourra faire aucun paiement du prix au préjudice desdites inscriptions ; et, dans ce cas, les inscriptions des autres créanciers qui ne viennent pas en ordre utile seront rayées. »

Ce troisième paragraphe mérite le même reproche que le second. C'est en effet parler inexactement que de dire : *si les inscriptions* du chef *des femmes sont les plus anciennes*. L'hypothèque de la femme, nous le répétons, ne prend pas rang par l'inscription. Pour exprimer une idée vraie, celle d'ailleurs que le rédacteur de l'article a voulu exprimer, il aurait fallu dire : si le rang de l'hypothèque légale, tel qu'il est fixé par les diverses dispositions de l'article 2135 est préférable, l'acquéreur ne pourra faire aucun paiement du prix au préjudice desdites inscriptions.

Qu'aucun paiement ne puisse être fait au préjudice de ces inscriptions, cela est évident. Et aussi admettrons-nous avec la jurisprudence que l'acquéreur pourrait faire ordonner la restitution des sommes qu'il aurait payées (1).

Néanmoins il est nécessaire de préciser le sens de ces expressions. Aucun paiement ne pourra être fait, c'est-à-dire que l'acquéreur étant prévenu qu'il existe des hypothèque légales ne peut plus purger son immeuble qu'en prenant les mesures nécessaires pour que le prix soit employé à désintéresser la femme. « Je ne dirai pas que le prix est *saisi-arrêté* dans les mains du tiers détenteur ; car ce mot de saisie-arrêt rappelle des idées d'exécution qui n'existent pas ici ; mais le tiers détenteur contracte implicitement l'obligation de le faire tourner au profit des droits dont il a sollicité la manifestation, et qui lui sont déclarés (2). »

Une conséquence importante ressort de ces explications, c'est que l'acquéreur ne doit pas verser son prix entre les mains du mari, puisque celui-ci est précisément le débiteur de la femme. Comme le fait très bien remarquer M. Trop-

1. Metz, 14 juin 1837 (Sir. 38, 2, 197) ; Rej. 22 fév. 1841 (Sir. 41, 1, 54).
2. Troplong, IV, n° 993.

long, le purgement de l'immeuble, en faisant disparaître la garantie hypothécaire, ne serait qu'un piège pour enlever successivement à la femme les sûretés qu'elle tient de la loi. Un pareil paiement ne purgerait donc pas l'immeuble.

A qui donc l'acquéreur doit-il payer? Il ne pourrait se libérer entre les mains de la femme qu'autant que celle-ci serait séparée de biens. En dehors de cette hypothèse, elle n'a capacité de recevoir un paiement qu'à la dissolution du mariage, que décider alors?

M. Tarrible a soutenu que le paiement devait rester suspendu, et que l'acquéreur devait retenir le prix jusqu'au moment où il pourrait le solder légalement. Il invoque à l'appui de son opinion les travaux préparatoires; il rappelle que M. Treilhard disait au Conseil d'État que les fonds qui répondent des droits non ouverts des femmes demeurent dans la main de l'acquéreur où ils sont déposés. M. Tarrible, poussant son système à ses dernières conséquences, refuse même à l'acquéreur le droit de consigner.

Cette opinion me paraît trop exclusive. Le projet primitif du Conseil d'État ne contenait pas les deux derniers paragraphes qui terminent aujourd'hui l'article 2195. Il ne s'occupait pas du paiement à faire par l'acquéreur dans le cas où l'inscription serait prise par la femme.

C'est alors que M. Tronchet éleva la question de savoir si l'acquéreur pourrait purger les hypothèques répondant des droits éventuels des femmes; car, disait-il, les contrats de mariage contiennent souvent des donations éventuelles qui peuvent ne jamais s'ouvrir et dont il est impossible d'évaluer à l'avance le montant. M. Treilhard répondit que l'acquéreur, pour prendre ses sûretés, devait garder par devers lui, le prix de son acquisition. Le Conseil d'État pensa, après un débat dans lequel furent entendus MM. Bigot, Jollivet, Malleville, que l'article devait contenir sur ce point une règle de conduite, et il fut renvoyé à la section pour être rédigé de nouveau. C'est après cette refonte que l'article 2195 reparut à peu près tel qu'il est aujourd'hui. On voit qu'il est loin de dire que l'acquéreur gardera les fonds par devers lui ; il se borne à déclarer qu'aucun paiement du prix ne doit être fait au préjudice des droits de la femme ; ce qui n'exclut aucun mode de libération, aucune combinaison, pourvu qu'il n'y ait rien de préjudiciable aux hypothèques légales.

Ainsi l'on pourra sans doute ordonner dans l'ordre que les fonds resteront déposés entre les mains de l'acquéreur, mais un autre emploi ne sera pas défendu.

On pourra ordonner le versement des fonds entre les mains des créanciers venant immédiatement après la femme à charge de fournir caution pour la restitution des deniers, le cas échéant.

Ou bien l'acquéreur sera autorisé à consigner. Cette mesure, quoi qu'en dise M. Tarrible, ne peut en aucune manière préjudicier aux hypothèques légales. Elles y trouvent au contraire toute sûreté, et d'un autre côté, le nouveau propriétaire y gagne de se débarrasser du paiement d'intérêts onéreux.

Ainsi donc, et sauf l'application des mesures conservatoires que nous venons d'examiner et qui empêchent le détournement ou la dissipation des deniers, la femme peut réclamer une collocation sur le prix. Reste à savoir pour quels droits et créances cette collocation peut être demandée.

Et d'abord, s'il s'agit de créances existantes, ouvertes, et qui ne dépendent d'aucune condition, s'il s'agit par exemple, de ses répétitions dotales, du prix de ses propres aliénés, de l'indemnité des dettes auxquelles elle s'est obligée avec son mari et qu'elle a déjà acquittées à sa décharge, elle pourra réclamer une collocation actuelle, sans qu'il y ait d'ailleurs à distinguer, si elle est ou non séparée de biens. Toutefois si elle était séparée de biens, elle pourrait toucher immédiatement le montant de sa collocation, tandis qu'au cas contraire, elle ne le pourrait qu'à la dissolution du mariage, ou si une séparation intervenait.

La femme peut également réclamer une collocation provisoire pour des droits indéterminés dans leur quotité, ou même des droits purement conditionnels, par exemple pour les dettes non encore soldées qu'elle a contractées avec son mari, pour ses gains de survie et pour les autres conventions matrimoniales subordonnées à une condition quelconque. Cette collocation provisoire ne deviendra définitive que par l'arrivée de l'évènement duquel dépendent les créances de cette nature.

Enfin il peut arriver qu'au moment de la vente de l'immeuble du mari, la femme n'ait encore contre lui aucune créance, même conditionnelle. C'est alors que se présente une grave difficulté. En effet, la femme qui n'est pas actuellement créancière de son mari peut le devenir. Ainsi elle pourra dans la suite recueillir des donations ou successions mobilières dont le mari recevra le montant. Le mari peut dégrader les immeubles propres ou dotaux dont il a l'administration. Ces éventualités suffisent-elles pour empêcher l'acheteur de se libérer entre les mains du mari et pour l'obliger à consigner le prix et à le consigner jusqu'à ce que le montant des créances de la femme puisse être définitivement fixé, c'est-à-dire jusqu'à la dissolution du mariage? Ou bien doit-on décider que le mari ne saurait être privé du droit de recevoir le prix par suite de l'éventualité de droits qui, suivant l'expression de M. Berthault, n'ont dans le passé et le présent aucun fondement, qui ne sont pas même des droits, puisqu'ils n'ont pas même un commencement, un germe de vie ?

Pour bien apercevoir la portée de la question, il nous paraît utile de distinguer deux hypothèses. Quand un mari vend un immeuble à un moment où il n'est chargé envers sa femme d'aucune dette même conditionnelle, deux situations peuvent en effet se présenter. Tantôt il est possible d'affirmer *a priori* que, si la femme devient plus tard créancière de son mari, l'hypothèque légale garantissant sa créance ne prendra jamais rang qu'à une date postérieure à la vente. Tantôt au contraire on peut présumer que la femme acquierra contre son mari des créances pour lesquelles l'hypothèque légale prendra rang rétroactivement avant le jour de la vente. Car la jurisprudence et les auteurs reconnaissent qu'en un certain nombre de cas, l'hypothèque légale de la femme mariée remonte au jour du mariage, bien qu'elle soit attachée à des créances nées bien après la célébration. Il en est ainsi notamment pour la créance résultant des dégradations commises par le mari sur l'immeuble dotal. Reprenons successivement ces deux hypothèses.

a. — La femme, au moment où son mari vend un immeuble, n'a aucune créance contre lui et il est certain que si elle devient créancière dans la suite, son hypothèque ne prendra rang qu'à une date postérieure à la vente. Tel serait notamment le cas où la femme prétendrait qu'elle peut acquérir dans l'avenir des propres, soit par successions, soit par donations. Dès maintenant il est certain que son hypothèque ne prendra rang qu'à dater de l'ouverture de ces successions ou du jour où ces donations seront devenues parfaites.

Dans ces circonstances, il ne faut pas hésiter à décider que l'acquéreur peut se libérer aux mains du mari. N'est-ce pas en effet un principe élémentaire que l'hypothèque qu'elle soit judiciaire, légale ou conventionnelle est un droit accessoire qui suppose l'existence d'une créance qu'il garantit ? L'hypothèque légale n'existant pas à défaut de créance de la femme, comment empêcherait-elle le mari de se faire payer par l'acheteur.

Cette solution est d'ailleurs conforme à l'intention des rédacteurs du Code. Lorsqu'on rédigea l'article 2135, deux systèmes se trouvèrent en présence. Les uns voulaient que l'hypothèque légale remontât au jour du mariage pour *toutes* les créances de la femme. Le Tribunat voulait au contraire échelonner cette hypothèque à des dates différentes, suivant la nature des créances qu'elle garantissait. « Il n'est pas juste, disait-on, qu'il y ait une hypothèque avant l'existence de l'acte qui forme l'origine de la créance ; et il est odieux que la femme, en s'obligeant ou en vendant postérieurement, puisse primer des créanciers *ou des acquéreurs*, qui ont contracté auparavant avec le mari. C'est là une source de fraudes qu'il est enfin temps de faire disparaître. » L'article 2135 a consacré ce système. Or ces inconvénients renaîtraient si l'on admettait une théorie différente de celle que nous défendons. La femme, en s'obligeant après la vente, ou en vendant un de ses propres, pourrait contraindre l'acheteur qui aurait payé au mari de payer une seconde fois. On accorderait ainsi en réalité à la femme le droit de suite contre l'acheteur, comme si son hypothèque avait un rang antérieur à la date de la vente.

N'est-il pas vrai aussi qu'obliger l'acquéreur à conserver entre ses mains la totalité de son prix pour répondre de droits dont l'étendue sera toujours incertaine et qui n'existeront peut-être jamais, ce serait frapper les biens du mari d'inaliénabilité pendant le mariage, et enlever à l'acquéreur le droit que lui accorde la loi de provoquer l'ordre pour la distribution de son prix.

Comme dernier argument, j'invoquerai encore l'article 2195 qui consacre implicitement la doctrine que je soutiens. Cet article défend à l'acquéreur de faire aucun paiement du prix au préjudice de l'inscription de la femme lorsqu'elle est la plus ancienne, ce qui suppose l'existence d'une inscription pour un droit existant et un ordre ouvert (1).

b. — La femme, comme dans l'hypothèse précédente, n'est pas actuellement créancière, même sous condition de son mari ; mais il est possible qu'elle acquière contre lui des créances qui seraient garanties par l'hypothèque légale prenant rétroactivement rang à la date de la célébration du mariage. Devons-nous ici encore reconnaître que l'acquéreur pourra se libérer, en payant le prix au mari ?

MM. Aubry et Rau enseignent que la femme est fondée à demander pour ces créances une collocation provisoire. Comment donc, a-t-on dit en faveur de cette doctrine, comment donc, au préjudice des intérêts de la femme, et sans tenir compte des dangers qui la menacent, pourrait-on colloquer des créanciers, que, malgré son incertitude, l'hypothèque légale doit primer ? Refuser sous prétexte d'éventualité, à la femme qui arrive en ordre une collocation éventuelle, à la date de l'hypothèque qu'aurait sa créance, si des événements ultérieurs la faisaient naître, ne serait-ce pas autoriser le mari à ruiner par anticipation, au moyen de ventes successives, des garanties qui assurent, non pas seulement le présent, mais l'avenir ? Le gage sur lequel la femme aurait compté en se mariant n'aurait aucune stabi-

1. Nancy, 22 mai 1869 (Sir. 1869, 2, 225).

lité ; il pourrait disparaître avant l'accomplissement des faits, avant la formation des droits qui auraient permis de l'utiliser. La rétroactivité que la loi attribue, en certains cas, à l'hypothèque légale de la femme a dû précisément avoir pour but de remédier à ce danger.

Ces considérations ne laissent pas que d'être spécieuses. Nous croyons cependant qu'elles ne sont pas décisives. Ce système présenté en effet dans cette hypothèse les mêmes inconvénients pratiques que nous avons signalés dans le premier cas. Le montant des créances éventuelles n'est pas susceptible d'évaluation. Il faudrait donc obliger l'acquéreur à consigner son prix en entier et le mari ne pourrait en recevoir aucune partie.

La logique elle-même repousse cette opinion. Il est bien vrai sans doute que pour certaines créances l'hypothèque rétroagit au jour du mariage. Mais cette rétroactivité ne peut se produire que quant aux immeubles dont le mari est encore propriétaire au moment où la femme devient sa créancière. Si la créance naît après la transcription de l'acte de vente, l'hypothèque ne peut pas se constituer sur l'immeuble vendu. L'article 6 de la loi de 1855 est formel à cet égard. Comment donc cette hypothèque pourrait-elle rétroagir. Une hypothèque doit exister avant d'avoir un rang. « *Prius est esse quam esse tale* (1). »

Cette opinion admise, quel sera le point d'arrêt soit pour les droits purs et simples, soit pour les droits conditionnels.

____

1. Voir une note de M. Lyon-Caen (Sir. 69, 2, 225).

Quel sera le moment où l'on se placera pour fixer quelles créances peuvent être colloquées? Sera-ce l'ouverture de l'ordre? Sera-ce la purge? Sera-ce la transcription de l'acte de vente? Nous supposons que la femme a pris une inscription générale avant la vente.

Il est évident que l'ajournement de la procédure d'ordre ne peut améliorer la condition de la femme. Qu'importe qu'un droit s'ouvre à une époque où la créancière n'a plus en face d'elle qu'un prix au lieu d'un immeuble?

L'un des effets de la purge, c'est de transférer les droits hypothécaires de la chose sur le prix. Mais cette translation suppose la préexistence du droit hypothécaire sur l'immeuble : or le droit hypothécaire de la femme a-t-il pu se constituer sur un bien dont le mari était dessaisi à l'égard de tous par une vente transcrite? Nous ne le croyons pas, avant la loi du 23 mars 1855, le seul fait de la vente, indépendamment de toute transcription, aurait limité la portée de l'inscription aux créances préexistantes (1).

Aujourd'hui, la femme est un tiers, et la vente n'existe pour elle qu'autant qu'elle est transcrite ; que la femme puisse inscrire, même après la transcription, et tant que les délais de la purge ne sont pas expirés, cela n'est ni contesté, ni contestable. Mais l'inscription n'a d'efficacité que pour les droits dont le principe est antérieur au dessaisissement de son mari.

Je termine, en revenant au texte de l'article 2195, dont la dernière phrase demande une courte explication. Cet

1. Riom, 6 déc. 1848 (Pal. 49. 1. 629).

article en effet enseigne que, dans le cas où les inscriptions du chef des femmes sont les plus anciennes « les inscriptions des autres créanciers qui ne viennent pas en ordre utile seront rayées ». Il en sera ainsi, sans doute, si la femme obtient une collocation actuelle pour des créances certaines, déterminées. Mais si elle n'est colloquée que provisoirement, si ses créances sont purement éventuelles, les créanciers pourront faire maintenir leurs inscriptions jusqu'à la liquidation des droits garantis par l'hypothéque légale. Bien plus, nous l'avons vu, il est possible que les fonds soient versés entre leurs mains, sous l'obligation de donner caution, et si les droits éventuels de la femme ne se réalisaient pas, la somme qui leur aurait été payée, leur resterait définitivement. Enfin, la jurisprudence, dans le cas où les fonds restent entre les mains de l'acquéreur ou sont consignés, décide que les créanciers pourraient du moins obtenir une collocation conditionnelle qui leur profiterait, si par le résultat de la liquidation, il y avait un excédant après la collocation de la femme (1).

1. Cass. 21 juill. 1847 (Dall. 47,1, 326).

CHAPITRE IV

DES ALIÉNATIONS QUI PURGENT PAR ELLES-MÊMES

Notre point de départ est toujours le même. L'hypothèque légale n'a pas été inscrite. Mais tandis que dans le chapitre précédent, la femme exerçait ses droits hypothécaires, à la suite d'une aliénation librement consentie par le mari, ici elle va les exercer à la suite d'une aliénation forcée. Ce sont les créanciers du mari, qui ne pouvant se faire payer par leur débiteur, saisissent et vendent judiciairement ses biens. Ou encore, le mari se trouvant tenu hypothécairement d'une dette, sans l'être personnellement, se dessaisit de l'immeuble grevé pour en remettre la détention aux créanciers et une adjudication sur délaissement intervient. Enfin, c'est un immeuble du mari qui est exproprié pour cause d'utilité publique, conformément aux dispositions de la loi du 3 mai 1841. Toutes ces aliénations ont lieu sous l'œil vigilant de la justice. Toutes sont forcées, en ce sens qu'elles sont prononcées même contre la volonté du propriétaire. Et cette double circonstance explique, ce me semble, que la femme a dû ici être protégée moins énergiquement. Aucune collusion n'est possible entre les

créanciers et le mari pour empêcher la femme de s'inscrire,
car celle-ci est suffisamment avertie par la publicité qui précède ces adjudications. Aucune collusion entre le mari et
l'adjudicataire à l'effet de vendre le gage hypothécaire au
dessous de sa valeur pour partager ensuite la différence ne
peut être supposée, puisque la vente se fera judiciairement
et l'on conçoit sans peine que le droit de faire une surenchère du dixième soit refusé à la femme comme à tout
créancier. De même rien n'était plus juste que de décider
que ces aliénations purgent par elles-mêmes toutes les hypothèques, même les hypothèques occultes.

Les explications que nous avons à fournir sur les aliénations forcées trouveront place dans deux sections différentes, la première consacrée à l'adjudication sur saisie, la
seconde à l'adjudication pour cause d'utilité publique.
Quant aux adjudications sur délaissement et aux adjudications sur saisie converties en aliénations volontaires, nous
n'avons pas à nous en occuper d'une façon spéciale.

En effet, aux termes de l'article 2174, la vente de l'immeuble délaissé est poursuivie dans les formes prescrites
pour les expropriations, seulement la poursuite est dirigée
contre le curateur que le tribunal nomme à l'immeuble délaissé et non contre le tiers détenteur. Nous déciderons
donc que les articles 691 et 696 doivent s'appliquer à l'é-
gard des créanciers à hypothèques occultes et que l'adjudication sur délaissement comme celle sur expropriation,
opère la purge des hypothèques légales, non inscrites avant
la transcription du jugement d'adjudication.

En ce qui concerne les adjudications sur saisie converties en aliénations volontaires, l'intention du législateur
apparaît très nettement formulée dans le passage suivant du
rapport fait à la Chambre des députés, lors de la discussion de la loi de 1841 : « Lorsqu'il y aura eu conversion
après saisie immobilière..., l'adjudication aura, relativement aux créanciers inscrits, un résultat différent, suivant
que la conversion aura été consentie avant ou après la sommation qui doit être donnée à ces créanciers, dans la procédure de saisie immobilière, afin qu'ils assistent à la publication du cahier des charges. La conversion datera-t-elle
d'une époque antérieure à cette sommation ? Les créances
inscrites ne se trouveront pas purgées. Si l'abandon de la
poursuite en expropriation forcée n'a été consenti, au contraire, qu'après l'appel de ces créanciers, avertis dès cet
instant, ils ont pu veiller à leurs droits. L'adjudication
éteindra donc leurs hypothèques ; car, il ne faut pas le
perdre de vue, c'est bien moins l'adjudication qui purge
les hypothèques inscrites que la mise en demeure de ceux
à qui elles appartiennent. »

Ainsi donc cette adjudication aura ou n'aura pas pour
effet de purger les hypothèques inscrites, suivant que la
conversion aura été effectuée avant ou après les sommations
prescrites par l'article 692 pour inviter les créanciers à
assister à la publication du cahier des charges. Pour qu'une
pareille adjudication purge les hypothèques occultes, il
faudra de plus qu'on ait procédé avant la conversion à

l'avertissement spécial par la voie de la presse, indiqué par l'article **696** Code de procédure.

Section I

Adjudications sur saisie.

Aux termes de l'article **717** Code de procédure modifié par la loi du **21** mars **1858**, « le jugement d'adjudication dûment transcrit purge *toutes* les hypothèques et les créanciers n'ont plus d'action que sur le prix. » Ainsi se trouve tranchée une controverse célèbre que j'ai déjà signalée. La cour de cassation, après avoir longtemps jugé que l'adjudication sur expropriation forcée purge virtuellement l'hypothèque non inscrite de la femme, avait tout à coup abandonné sa jurisprudence (arrêt du **22** juin **1833**) et décidé que l'adjudicataire devait nécessairement remplir les formalités de l'article **2195**, s'il voulait affranchir l'immeuble acquis des hypothèques légales des femmes. Et malgré l'opposition d'un grand nombre de Cours d'appel, elle maintint sa jurisprudence : elle la considéra même comme législativement consacrée par la loi du **2** juin **1841**, sur les ventes judiciaires.

Dans la discussion de cette loi, il avait été question de trancher la dissidence qui s'était élevée entre la Cour suprême et la majorité des Cours d'appel. On présenta un amendement tendant à faire produire à l'adjudication l'effet de purger les hypothèques légales non inscrites moyennant certaines formalités préalables. Cet amendement fut rejeté, et les partisans du système de la Cour de cassation en conclurent que le législateur s'était rangé à leur opinion. Je crois plutôt avec M. Troplong, que, si cet amendement fut rejeté, c'est parce qu'il attaquait le fond du droit et venait d'une manière tout à fait inopportune dans une loi de procédure. La question restait donc entière avant comme après la loi de 1841.

Nous ne voulons pas insister sur cette controverse qui aujourd'hui ne peut plus s'élever : aussi nous bornerons-nous à rappeler brièvement les principaux arguments qui furent invoqués de part et d'autre.

Les motifs sur lesquels se basait la Cour de cassation ont été développés par M. le procureur général Dupin, dans un réquisitoire que nous reproduisons partiellement : « Le Code, disait l'éminent magistrat, a consacré tout un chapitre, à tracer les règles d'un mode spécial pour purger les hypothèques légales, quand il n'existe pas d'inscription. C'est bien dire, avec énergie, que l'immeuble est grevé de ces hypothèques, quoiqu'il n'existe pas d'inscription et qu'elles le suivent, dans quelques mains qu'il passe. Le Code de procédure contient dans l'article 834 une exception au Code civil, à l'égard des créanciers hypothécaires ordinaires auxquels cet article accorde un délai de quinzaine pour se faire inscrire, après la transcription de l'acte d'aliénation ; c'est là une faveur aux créanciers ordinaires, mais non un préjudice aux femmes et aux mineurs : les droits de ceux-ci restent intacts et sans modifications. On le reconnaît pour les aliénations ordinaires ; mais il en est autrement, dit-on, pour l'expropriation forcée. A celà je réponds que, du moment que l'hypothèque existe, elle ne peut s'éteindre que par un moyen légal d'extinction. Un article exprès au Code civil, l'article 2180 qui procède par énumération, indique et précise quatre causes d'extinction ; l'expropriation forcée ne s'y trouve point, et aucun article soit du Code civil, soit du Code de procédure, ne l'y a rangée, ou n'a dérogé, pour ce cas aux règles ordinaires.

C'est sur ces conclusions que fut rendu l'arrêt de 1833. Il nous semble que l'on ne saurait mieux répondre à ces arguments qu'en opposant à la Cour de cassation la Cour de cassation elle-même. Dans un arrêt du 21 octobre 1821, qui est rédigé d'une façon remarquable, la Cour suprême semble d'avance s'être réfutée elle-même : « Attendu que, loin qu'aucune loi assujettisse l'adjudicataire sur expropriation forcée à purger les hypothèques dont pouvait être grevé l'immeuble qui lui a été adjugé, il résulte en premier lieu, de la combinaison du chapitre VIII avec le chapitre IX du titre XVIII du Code civil, que ce Code en traitant des hypothèques, quelles qu'elles soient, légales ou autres, n'a eu en vue que la vente volontaire ou la donation de l'immeuble grevé. Qu'il résulte en deuxième lieu, des articles 749 et 750 du Code de procédure civil que cet adjudicataire, après la signification du jugement d'adjudication ou de l'arrêt confirmatif, s'il y a eu appel, n'a plus rien à faire avant de requérir qu'il soit procédé à l'ordre et à la distribution du prix; Qu'il résulte en troisième lieu, et d'une manière explicite, de l'article 775 du même Code, que l'article 2194 du Code civil n'est point applicable à l'expropriation forcée, puisque cet article **775** déclare positivement que ce n'est que dans le cas d'aliénation autre que celle par expropriation, que l'ordre sera provoqué par l'acquéreur, après l'expiration des trente jours qui suivront les délais prescrits par les articles **2185** et **2194** Code civil ; Attendu que l'on ne peut pas argumenter de ce qui se pratique dans le cas de vente par licitation, ou de celle pour cause d'utilité publique, parce que ces ventes, quoique judiciaires, étant considérées comme volontaires, ne sont pas soumises à toutes les formalités requises pour les ventes par expropriation forcée; Attendu que l'exécution de toutes ces formalités suffit pour éveiller l'attention des créanciers qui ont une hypothèque légale, indépendante de toute inscription, et que la multitude et la multiplicité de ces formalités jointes à la longue durée de la procédure et au grand nombre de personnes chargées par la loi de prendre inscription pour les femmes et mineurs, ont déterminé le législateur à regarder comme surabondantes et superflues, dans le cas de vente sur saisie immobilière, les formalités prescrites par l'article **2194** Code civil. »

Si l'on admettait ce système qui est maintenant législativement consacré, si l'on admettait qu'à défaut par les femmes d'avoir pris inscription dans le délai utile, leur hypothèque se trouvait purgée, une nouvelle question, aussi grave et aussi importante se présentait tout aussitôt. L'hypothèque légale était-elle purgée, aussi bien dans l'intérêt des autres créanciers que dans celui de l'adjudicataire? En un mot le droit de préférence disparaissait-il avec le droit de suite? Cette controverse s'est déjà imposée à notre attention dans le chapitre précédent et nous ne pouvons que nous référer à ce que nous avons dit alors. Quel que soit d'ailleurs le sentiment que l'on adopte sur cette discussion, il faut aujourd'hui s'incliner devant la décision formelle de la loi de 1858. En effet le nouvel article 717 Code procédure, décide que « les créanciers à hypothèques légales qui n'ont pas fait inscrire leur hypothèque légale avant la transcription du jugement d'adjudication ne conservent le droit de préférence sur le prix qu'à la condition de produire, avant l'expiration du délai fixé par l'article 754, dans le cas où l'ordre se règle judiciairement, et de faire valoir leurs droits avant la clôture, si l'ordre se règle amiablement, conformément aux articles 751 et 752. »

Ainsi donc, en cas d'aliénation forcée comme en cas de vente volontaire, le droit de préférence survit au droit de vente. Si un ordre est ouvert après la transcription du jugement d'adjudication, la femme peut y produire ; mais elle doit, à peine de déchéance, le faire dans un certain délai.

Ce délai nous est déjà connu. En effet, l'article 772 qui établit en cas d'aliénation volontaire la survivance du droit de préférence, renvoie précisément à notre article 717, lorsqu'il s'agit de fixer à quel instant précis la femme sera déchue de son droit de préférence pour défaut de production à l'ordre ouvert. Nous avons examiné avec détail dans le chapitre précédent jusqu'à quel moment la femme pouvait produire et nous avons vu que le délai était différent, suivant qu'il s'agissait d'un ordre consensuel, d'un ordre amiable, d'un ordre judiciaire ou de l'ordre exceptionnel prévu par l'article 778. Les règles que nous avons posées alors sont également applicables, lorsqu'il s'agit d'une aliénation forcée.

Mais voici où semble naître une dissemblance. Suivant le nouvel article 772, les créanciers à hypothèques légales qui n'ont pas fait inscrire leurs hypothèques dans le délai fixé par l'article 2195 Code civil ne peuvent exercer le droit de préférence sur le prix *qu'autant qu'un ordre est ouvert dans les trois mois.* Or, le nouvel article 717 est absolument muet sur cette dernière condition. Doit-on dire par suite que la femme pourra en cas d'aliénation forcée produire à un ordre ouvert, six mois, un an après la transcription du jugement d'adjudication, tandis qu'au contraire, après une vente volontaire, elle ne pourrait certainement plus produire à un ordre ouvert après l'expiration des trois mois qui suivent le délai de purge ?

A ne consulter que les textes, la négative ne serait pas douteuse. Il suffit pour s'en convaincre de rapprocher les termes des deux articles qui régissent séparément chacune des deux matières. Si au contraire on se reporte aux travaux préparatoires, l'affirmative devient certaine. La question fut soulevée au Corps législatif par M. Josseau : « La commission, fit-il remarquer, voulait que dans tous les cas le droit de préférence ne pût être prolongé au-delà de trois mois après l'accomplissement de la purge. Elle entendait que pour les deux cas d'expropriation ou d'aliénation volontaire, ce délai fût un maximum. Pour l'aliénation volontaire l'article 772 est formel ; mais, en cas d'expropriation forcée, l'article 717 et les articles 751 et 752 auxquels il renvoie sont loin d'être aussi explicites. Le Conseil d'État a-t-il voulu que, par identité de raison le maximum du délai fût dans ce cas le même ? Il ne doit pas y avoir d'incertitude à cet égard, si l'on veut prévenir bien des procès et éviter des nullités ». Le commissaire du gouvernement, M. de Parieu, répondit : « qu'en ce point le Conseil d'État lui paraissait d'accord avec la commission. La jurisprudence, ajouta-t-il, devra avoir égard à la pensée d'une prompte déchéance du droit de préférence séparé du droit de suite ». M. Josseau prit acte de cette déclaration. Dans son rapport au corps législatif. M. Riché est tout aussi explicite : « Les principes que nous venons d'établir pour le cas de vente volontaire, dit-il, nous semblent régir le cas d'expropriation forcée ». Il paraît donc bien certain que, même en cas d'aliénation forcée, le droit de préférence que la purge laisse debout, est éteint, si l'ordre n'est pas ouvert dans les trois mois, à compter de la transcription du jugement d'adjudication. Aussi, comme précédemment, devons-nous reconnaître que le titulaire ou le défenseur de l'hypothèque légale pourrait provoquer l'ouverture de l'ordre, si les créanciers inscrits le retardaient à dessein.

Section II

Expropriation pour cause d'utilité publique.

Les aliénations pour cause d'utilité publique purgent par elles-mêmes toutes les hypothèques inscrites ou occultes. C'est ce qui résultait déjà de l'article 17 de la loi du 3 mai 1841, ainsi conçu : « Dans la quinzaine de la transcription, les privilèges et les hypothèques conventionnelles, judiciaires, ou légales, seront inscrits. — A défaut d'inscription dans ce délai, l'immeuble exproprié sera affranchi de tous privilèges et hypothèques, de quelque nature qu'ils soient, sans préjudice des droits des femmes, mineurs et interdits, sur le montant de l'indemnité, tant qu'elle n'a pas été payée ou que l'ordre n'a pas été définitivement réglé entre les créanciers.

Deux points résultent de ce texte :

1° Quinze jours après la transcription, les hypothèques qui n'ont pas été inscrites, sont purgées ;

2° Le droit de préférence survit au droit de suite, en faveur des femmes, pourvu qu'elles se présentent avant la clôture de l'ordre. Sur ce second point, nous n'avons aucune remarque à faire. Mais sur le premier, une grave controverse s'est elevée depuis la loi du 23 mars 1855. Aux termes de l'article 4 de cette loi, « tout jugement d'adjudication autre que celui rendu sur licitation au profit d'un cohéritier ou d'un copartageant, doit être transcrit » et aux termes de l'article 6 « à partir de la transcription, les créanciers privilégiés ou ayant hypothèque aux termes des article 2123, 2127 et 2128 du Code civil ne peuvent prendre utilement inscription sur le précédent propriétaire. »

Or, bien que les jugements d'expropriation pour cause d'utilité publique ne soient pas des adjudications proprement dites, ils ont au moins avec elles, cet effet d'opérer la mutation de l'immeuble qu'ils ont pour objet ; ils constituent donc de véritables aliénations et par conséquent des actes translatifs de propriété. Il en est de même des traités amiables par lesquels les particuliers cèdent à l'État ceux de leurs biens qui sont sujets à l'expropriation, c'est-à-dire qui ont été compris dans les plans déposés aux mairies en vertu des arrêtés des préfets. Sur l'un et l'autre point tout le monde est d'accord. Mais à quel régime les aliénations de cette nature sont-elles soumises ? Quelle loi les gouverne ? La loi du 3 mai 1841 ou la loi du 23 mars 1855 ?

Et d'abord comprenons bien l'intérêt de la question.

Si l'on reconnaît que la loi du 3 mai 1841 est seule applicable en l'espèce, on en conclura :

1° Qu'à partir du moment même de l'expropriation et sans le secours de la transcription, l'État devient propriétaire, non point seulement dans ses rapports avec l'exproprié, mais aussi à l'égard des tiers.

2° Que les créanciers privilégiés et hypothécaires peuvent utilement inscrire leur droit de préférence non-seulement après l'expropriation consommée, mais encore pendant quinze jours à compter de la transcription du jugement ou de l'ac e de l'expropriation.

3° Que les femmes bien que veuves, leurs héritiers et leurs cessionnaires conservent, indépendamment de toute inscription, le droit de venir sur le montant du prix ou de l'indemnité, au rang que leur assigne l'hypothèque légale dont ils sont investis.

Admet-on au contraire que les autres opérations pour cause d'utilité publique appartiennent au régime de la loi de 1855, on devra en conclure :

1° Que l'administration ne deviendra propriétaire, dans ses rapports avec les tiers, qu'à compter du jour de la transcription de son titre d'acquisition, et qu'aussi le paiement du prix ou de l'indemnité sera considéré comme non avenu à l'égard de ceux qui ayant acquis du chef de l'exproprié des droits réels sur l'immeuble qu'il leur a présenté comme sien, auront eu le soin de les conserver, en se conformant à la loi de publicité.

2° Que le cours de publicité sera arrêté par le fait même de la transcription.

3° Que les femmes veuves et leurs héritiers, qui au moment de l'expropriation n'étaient déjà plus dans l'année de grâce dont il est parlé à l'article 8, seront, de même que les créanciers hypothécaires ordinaires, déchus de leur droit de préférence sur le montant du prix ou de l'indemnité, faute d'une inscription prise avant la transcription du jugement ou de l'acte d'expropriation.

Quel parti prendrons-nous dans cet important débat? Nous nous rallions complétement au premier système, à celui qui pense que la loi du 3 mai 1841 est seule applica- ble. Bien que les expressions *actes translatifs de propriété* dont se sert le nº 1 de l'article 1 de la loi de 1855 aient un sens très étendu, elles ne s'appliquent point pourtant aux jugements qui opèrent un déplacement de propriété. Ce qui le prouve, c'est que les actes de cette nature ont dans le même article un numéro qui leur est propre et spé- cial aux termes duquel tout jugement d'adjudication doit être transcrit. Quoique translatifs de propriété, les juge- ments d'adjudication pour cause d'utilité publique ne cons- tituent point des aliénations par voie d'adjudication.

Ce que nous disons des jugements d'expropriation, nous devons le dire également des traités amiables par lesquels les particuliers cèdent à l'État ceux de leurs biens que l'ex- propriation peut atteindre. « Ces traités ne constituent point de véritables contrats, puisque l'une des parties, le pro- priétaire qui cède sa chose, subit une nécessité légale. Dès lors, dans quelle disposition de la loi nouvelle les fera-t-on rentrer? Dans le nº 1 de l'article 1er? Mais il n'y est ques- tion que des aliénations contractuelles et volontaires. Dans le nº 4 du même article? mais la loi n'y parle que des alié- nations sur adjudication. »

A ces arguments de texte viennent se joindre des consi- dérations d'un autre ordre. Si la loi a voulu que les aliénations fussent transcrites, c'est évidemment afin de les rendre publiques. Or la loi du 3 mai 1841 avait déjà pourvu, dans les plus larges proportions, à ce besoin de publicité. Ainsi, première enquête avant la déclaration d'utilité publique; deuxième enquête avant la désignation définitive des propriétés à exproprier ; avertissements collectifs par voie de proclamations, d'affiches, d'insertions dans les journaux ; publication par les mêmes moyens, soit du jugement d'expropriation, soit des actes portant acquisition amiable... toutes ces formalités ne sont-elles pas essentiellement propres à donner à l'expropriation la plus grande et la plus solennelle publicité? La loi nouvelle n'avait donc rien à faire en cette matière. La transcription n'eut été dans cet ensemble de moyens de publications qu'un acte vain et destitué de toute utilité. La loi du 3 mai 1841 la prescrit sans doute ; mais au lieu d'en faire le fondement de la mutation à l'égard des tiers, elle n'y voit qu'un simple moyen de purge (1).

1. Cabantous, *dissertation, revue crit.*, 5ᵉ année, p. 92. — Troplong, *transcript.*, nᵒ 103. — Rivière et Huguet, quest. nᵒ 353.

POSITIONS

—

DROIT ROMAIN

I. — La sûreté accordée à la femme par la constitution de
529 (l. 30, C. V, 12) a tous les caractères d'une
hypothèque privilégiée.

II. — La femme peut renoncer à l'hypothèque privilégiée
qui lui a été concédée par la constitution de 529
(l. 30, C. V. 12) en tant que cette hypothèque
porte sur des meubles dotaux.

III. — Ces mots « *si tamen extant* », insérés dans la loi
30, Code *de jure dotium* (V. 12), signifient
simplement que l'hypothèque privilégiée suppose
un objet encore existant au moment où elle peut
être exercée, mais ne doivent pas être entendus
en ce sens que l'hypothèque ne peut être exer-

cée qu'autant que les choses apportées en dot n'ont pas été aliénées par le mari.

IV. — Justinien, en permettant à la femme de revendiquer les choses dotales, a véritablement innové, et la femme, du temps des jurisconsultes classiques n'avait pour répéter sa dot, qu'une action personelle munie d'un privilége.

V. — **La** femme peut renoncer à l'hypothèque générale que la constitution de **530** lui accorde sur tous les biens du mari.

VI. — L'hypothèque privilégiée, que la loi **12**, C. *qui pot. in pig.* (VIII, 8) attribue à la femme, prime l'hypothèque du fisc.

VII. — **La** femme juive jouit du bénéfice de la constitution de **531**.

DROIT CIVIL

I. — Lorsque le mariage a été célébré en pays étranger, l'hypothèque légale de la femme est indépendante de l'accomplissement des formalités prescrites par l'article **171**, Code civil.

II. — **La** femme étrangère n'a pas d'hypothèque légale sur les immeubles de son mari situés en France, à moins qu'elle n'appartienne à un pays ayant stipulé la réciprocité d'hypothèque légale.

III. — Lorsque la femme renonce à la communauté, son hypothèque légale frappe les conquêts aliénés pendant le mariage.

IV. — L'hypothèque légale de la femme frappe les biens advenus au mari depuis la dissolution du mariage ; mais elle est pendant l'année qui suit la dissolution, dispensée d'inscription comme celle qui grève les biens qu'il a acquis pendant le mariage.

V. — L'inscription de l'hypothèque légale de la femme prise par un créancier subrogé, en son nom et dans son intérêt particulier, ne profite qu'à ce créancier et non à la femme.

VI. — L'hypothèque légale qui garantit l'indemnité due à la femme, à raison des dettes contractées par elle avec son mari, ne prend rang que du jour où les actes sous-seing privé qui constatent ces dettes, ont acquis date certaine.

VII. — La renonciation, que la femme consent à son hypothèque légale, au profit d'un tiers acquéreur, éteint le droit de suite, mais laisse subsister le droit de préférence.

VIII. — La femme ne peut se faire colloquer sur un immeuble du mari vendu durant le mariage que pour les droits qui se trouvent *déterminés*, au moment de la transcription de l'acte de vente.

IX. — Le délai de deux mois accordé à la femme par l'article 2194, pour inscrire son hypothèque, n'est pas susceptible d'augmentation, à raison des distances.

X. — L'acquéreur qui a rempli les formalités exigées par l'article 2194, Code civil, n'est pas obligé, s'il survient une inscription dans le délai de deux mois, que la loi accorde à la femme, pour inscrire son hypothèque, de se conformer encore à l'article 2183.

XI. — Si la femme n'a pas fait inscrire son hypothèque dans le délai fixé par l'article 2194, elle ne peut invoquer le droit de préférence que lui réserve la loi de 1858, à l'encontre des faits accomplis, même le lendemain de la purge, tels que le paiement du prix de vente entre les mains du mari ou une cession de ce prix effectuée par ce dernier.

XII. — En cas d'adjudication sur saisie d'un immeuble appartenant à son mari, la femme est déchue de son droit de préférence, si l'ordre est ouvert plus de trois mois après la transcription du jugement d'adjudication.

PROCÉDURE CIVILE

I. — En matière d'ordre amiable, le ministère des avoués n'est pas obligatoire.

II. — L'appel d'un jugement réglant la distribution d'un
prix d'immeubles, au cas où il y a moins de quatre
créanciers inscrits, doit être interjeté dans le
délai ordinaire de deux mois, conformément à
l'article 443 Code procédure.

DROIT COMMERCIAL

I. — Lorsque le mari, tombé en faillite. était commerçant
au moment du mariage ou l'est devenu dans
l'année, l'hypothèque légale de la femme frappe
la totalité de l'immeuble dont son mari était
co-propriétaire par indivis et qu'il a acquis en
totalité par suite de licitation.

II. — L'hypothèque ne s'étendrait pas aux constructions
faites par le mari sur son immeuble.

DROIT PÉNAL

I. — Le prévenu âgé de moins de seize ans relaxé pour
défaut de dicernement n'en doit pas moins être
condamné aux frais de la poursuite. Il en est de
même à l'égard de la personne poursuivie comme
civilement responsable du fait de ce prévenu.

II. — L'extradition ne peut être critiquée par l'accusé sous
prétexte d'illégalité.

DROIT DES GENS

I. — Un État étranger n'est pas justiciable des tribunaux français à raison des obligations par lui contractées envers un **Français**.

II. — Il serait très utile que les divers États s'entendissent pour déclarer que la destruction ou détérioration des cables télégraphiques sous-marins en pleine mer est un délit du droit des gens, pour déterminer d'une manière précise le caractère délictueux des faits et les peines applicables. Mais nous pensons qu'il serait contraire à la nature des choses et à la justice d'assimiler ce fait à un acte de piraterie.

HISTOIRE DU DROIT

I. — Même sous Justinien, le mari est *dominus dotis*.

II. — L'origine du colonat se place dans la transplantation au sein de l'empire, de Barbares prisonniers.

LÉGISLATION INDUSTRIELLE

I. — L'introduction en transit sur le territoire français

d'objets contrefaits à l'étranger doit être considérée comme un délit et punie des peines édictées par l'article 41, de la loi du 5 juillet 1844.

II. — Le brevet d'importation expire avec le brevet étranger, même quand celui-ci est frappé de nullité ou de déchéance.

Vu par le Président de la thèse,
BUFFENOIR

Vu par le Doyen,
CH. BEUDANT.

Vu et permis d'imprimer
Le vice-recteur de l'Académie de Paris
GRÉARD

Imprimerie A. DERENNE, Mayenne. — Paris, boulevard Saint-Michel, 52.

Imp. A. DERENNE, Mayenne. — Paris, boulev. Saint-Michel, 52.